我爱问连岳 之

少年问答

连岳——著

译林出版社

图书在版编目（CIP）数据

我爱问连岳之少年问答/连岳著．—南京：译林出版社，2021.6（2023.6重印）

ISBN 978-7-5447-8695-9

Ⅰ.①我…　Ⅱ.①连…　Ⅲ.①青少年教育－问题解答　Ⅳ.①G775-44

中国版本图书馆 CIP 数据核字（2021）第 074445 号

我爱问连岳之少年问答　连　岳／著

策　　划　郑燕平
责任编辑　王　玥
特约编辑　李　蕊
装帧设计　木　宁
校　　对　蒋　燕　戴小娥
责任印制　颜　亮

出版发行　译林出版社
地　　址　南京市湖南路 1 号 A 楼
邮　　箱　yilin@yilin.com
网　　址　www.yilin.com
市场热线　025-86633278
排　　版　南京展望文化发展有限公司
印　　刷　江苏凤凰通达印刷有限公司
开　　本　890 毫米 ×1240 毫米 1/32
印　　张　11
版　　次　2021 年 6 月第 1 版
印　　次　2023 年 6 月第 7 次印刷
书　　号　ISBN 978-7-5447-8695-9
定　　价　39.80 元

序　　言

在公众号写作时代，读者的面大大拓宽了，少年的问题也逐渐多了起来，几年累积下来，竟然也够一本书。

以后，可能很快会有第二本，第三本……

祝你阅读愉快。

目 录

1

成绩不好一点也不酷

大多数成绩不理想的孩子，大多数生活不理想的人，都有相似的三部曲：放纵、懊悔、放纵。

写在新学期，为什么要努力学习？ 3

从心定姿势，到心定仪式，再到心定能力 8

大考前，听谁的？ 12

写在开学，学习与人生意义 16

离你的高考还有多少天？ 20

我的偶像告诉我，丰富的人生是枯燥的 25

道理与行动之间，有三分钟的鸿沟 29

高三我都读完了，人生还有什么可怕的？ 34

放纵，懊悔，放纵 40

高考是挣分游戏——答一位“高四”学生 44

永远的初中生 48
开学第一课：人为什么要上学？ 53
一条高考应急建议 56
守规矩，真佛系，无难事 60
佛陀怎么行走？ 64

2 成为更好的自己

好习惯比坏习惯多，好习惯重复得比坏习惯多，每天都有一点点收益，就有好的人生。

高考越来越近，我却脾气暴躁 69
一切人生行为的定价中，什么最贵？ 73
体育在考试中越来越重要了，好事 78
学会失败，写在高考之后 81
情商是智商的高级体现 84
最好的学习方法 87
在大学，那些应该做的事 91
不要对自己说：我好辛苦 95
致大孩子 98
致中孩子 101

英语应必修 106

学英语 110

朋友圈退化的重要原因 113

工作难找，工作也好找 117

对社会浪说几句 121

好工作的得到方式：三分自律，三分耐心，四分改良 124

3 未来在雾中

未来是风险还是机会，取决于你当下怎么做。

我是懂事的大学生，连叔借我六万还网贷 131

疫情与高三 137

高考志愿，作家梦及思维健康 140

谈谈填志愿，如何为工作做准备？ 144

学历的重要性不容小觑，那又怎样？ 147

教育的好时光来了，请不要用焦虑毁掉它 151

少年，我们一起来学永恒的技术 155

“更好”好 158

未来还在雾中，填报志愿的不稳定三角 162

当意外发生后 165
高考失败不要紧，通过失败教育才要紧 170
孩子，不要跟制度较劲 174
令人持续变强的思维起点 178
衣冠取人 184
孩子，你的时间不多了 188
送给高三毕业生的十一条 192
发财之路从来不会出现太早 195
当好普通人，不易 198

4

世界有恶意，但你会长大

强大的人更有能力爱自己爱他人。

人人都得哭 203
掌握“资源有限”思维法，痛苦少掉大半 207
写在这个有点挫败感的儿童节 210
当我们成熟时，就得为理想而活 213
最爽的还击，就是证明否定你的人错了 216
孩子，忍耐一下，成长需要时间 220
致孩子 224

我为资质一般的穷孩子设定的求学工作计划 228
孩子，再熬几年 232
世界有恶意，但你会长大 237

5 看似神一样的父母，也不过是普通人

爸妈不是一生下来就是爸妈，爸妈也是头一次当爸妈。

如何改变“傻乎乎”的大人？ 243
人是复杂的，在这人性上升级 248
好好学习，解决问题 253
那些突然成长的时刻 258
一个孩子的力量 261
少年开始哀愁，关键而又危险的一步 265
我，大学生，讨厌花钱有罪恶感 269
孩子需要的温度及五万次拥抱 274
成长的觉醒 279
不易觉察的理想主义，接地气的理想主义 282
道理虽好，孩子必须过他们的一生 286
从一个初中生的开始 289

6

爱，是我们一生的课题

生命是用来创造，用来成长，用来爱的。

成长的大挑战，撕扯感带来的痛苦 295

爱你，与你何关？ 302

孩子帮父母的最好做法 306

想杀弟弟的姐姐，青少年心理那一难关 310

这么珍惜的命，要用来做什么？ 314

从“求宠爱”到“不从众”，长大的关键一跃 318

赢了道理，输了爱人，那并不是爱 322

大学，一定要谈恋爱 327

讲理规则 330

不要忘了爱的原型 334

高三的失恋 339

1

成绩不好
一点也不酷

大多数成绩不理想的孩子，大多数生活不理想的人，都有相似的三部曲：放纵、懊悔、放纵。

写在新学期，为什么要努力学习？

岳叔好：

我是现在班级倒数、年级一百五十名的（年级共四百四十人）、整天无所事事只想窝在沙发上看手机，却又想考上本市第二好中学的八年级中学生。马上就要迎来新学期了，我一点都不兴奋。我整个寒假都没闲着，妈妈说我可以"弯道超车"了，但我并不这样认为，因为我实在无力也不想努力了。我突然间不明白为什么要努力，为什么要学习。面对堆积如山还未完成的寒假作业，心里不安，但实在无力完成。这一切糟糕的状态，要从八上期中后开始说起。

八上期中，我成了年级前三十，这是一个不算太好也不算太差的成绩。我的好朋友年级前四十。面对这样的成绩，我们开始

* 本书收录大量未成年人来信，存在语言表达不尽规范之处，为反映来信者的真实状态，编者仅做适度调整。特此声明。

了放飞自我的下半学期（好朋友带着我）：聊八卦、看帅哥……在这情窦初开的年纪，我们算是将能干的都干了。在这下半学期，我无心学习只顾着去玩，与此同时我的成绩开始下滑，从班级十名左右滑到了四十多。相反，我的好朋友居然进步了！期末还来了个年级前五！！！

在这样的心理落差中，我开始了寒假。在寒假开始一个星期后才去补课。我一直提不起精神来，上课老想着玩，玩时却想着学，超级矛盾。我该怎么调整啊，岳叔。当我真正坐在书桌前，面对着自己的豪言壮语却无力了，经常就是坐着发呆，想着自己也许光明的未来。后来我意识到了自己的颓废，便去知乎上搜了搜如何提起精神来学习，上面说要明确自己的目标。我想说：我有目标，但似乎太过远大，以至于我觉得都实现不了。

岳叔，我该怎么办啊，我现在简直就是心有余而力不足。救救我吧，我简直不知道该为什么而学习，也提不起精神来。有时我觉得体校也是个很好的地方（从小打球，结交了一些专业队的朋友，他们在体校练球），考个体校也不错，我甚至觉得成绩不好很酷！岳叔，你看玩了半个学期的我竟有这种想法，我对自己已经毫无信心了。

新学期了，我希望有个新的开始。也请岳叔帮帮我！拜托了！

祝快乐。

笨猪至上

*　*　*

笨猪至上:

成绩不好一点也不酷, 不然你就不会给我发这封焦虑的邮件, 不然你也不会羡慕考了年级前五的好朋友。当然, 你可以装得很酷, 破罐破摔后, 挑战老师, 触碰纪律, 在言行、打扮上出出风头, 因为不怕惩罚, 也没太大的心理压力, 但你内心的痛苦却越装越多。这种"假装不在乎你们在乎的价值"是一种高明的逃避术, 失败者用以自我掩饰, 因为我不在乎, 所以我没有失败, 言下之意是如果我在乎起来, 你们都不是对手。学校里的坏学生, 社会上的坏人, 都善于这种自我掩饰, 不过, 他们只能骗自己。好学生, 好人, 永远都是酷的, 坏学生, 坏人, 永远处于鄙视链的最底层, 这是天理。什么是天理? 天理就是最强大的自然规律, 没有它, 人类社会无法存在, 所有人发疯不承认都阻止不了它最终的决定作用。

你为什么要努力, 为什么要学习? 如果不要, 就不会有努力学习的辛苦。原因很简单, 不努力学习, 辛苦十倍百倍。你看你成绩年级前五的好朋友, 她是喜悦的、自在的, 偶尔可以聊聊八卦, 看看帅哥, 没有任何心理负担, 甚至因为善于放松, 更有利于学习。而没有努力学习作为基础，同样的事情你做了，就成了负担与恶习。少了一两努力学习的辛苦，你却收获了十斤不努力学习的辛苦，这交换一点也不划算。更糟的是，不努力学习造成的辛苦并非你独自承受，也会给你的老师，尤其你的父母，带去巨大的辛苦，比你的辛苦又大百倍。父母尽了他们的养育责任，照顾我们，爱我们。我们偷懒耍滑不学习，这是违约行为，也是欺骗最无保留地信任我们的人。爱我越深，伤他越狠。这怎么是酷呢？你还小，会得到原谅。做这种事的成年人，叫作人渣，多做几次，人们骂他的兴趣都没有。他社会性死亡了，他将痛苦到没人在乎他的痛苦。

借着新学期开始，振作起来。学校有良好的他律环境，学校是研究管理的机构，老师是管理专家，根本不必去什么不靠谱的网站搜索自我管理方法。你按老师的安排，该预习预习，该上课上课，该复习复习，该作业作业，该锻炼锻炼，该休息休息，就行了。在我看来，你手机用得太多了，乱逛乱搜，一天就过去了，课业全耽误掉。把手机锁起来，或交给父母管理，一天就用半个小时，甚至周末用一两个小时就行了。

当然，努力了未必就能考年级前几名。努力的同学很多，前几名就几个。由于特长不同、成长时机未到，在这个阶段，很多小朋友努力了, 成绩可能也一般。这种情况若是出现在你身上, 不要沮丧, 然后又放弃自己。你要知道, 养成努力的习惯, 向好的标准不懈冲击, 意志坚强, 屡败屡战, 这才是学习的主要目标。一直努力, 当个好人就是了, 人生抱持这个简单的信条, 最适合你做的事, 就会在某个阶段出现, 而在人生的所有阶段, 从你是个孩子, 到你终于老了, 你都会得到他人的尊重与爱, 内心宁静, 幸福快乐。

祝开心。

连岳

从心定姿势，到心定仪式，再到心定能力

连叔：

您好！

我是一名初一学生。受母亲的影响，我刚有微信就订阅了您的公众号。还有五天我就期末考试了，可是感觉自己的状态还没有到位，很简单的题稀里糊涂就做错了，老师跟我说我的能力没有问题，就是心不定。其实我不怎么理解心不定的意思，而且我认为考试的时候总归会想一些东西，例如：这次我一定要超过某某某，我一定要考多少分。这一点我有些迷茫，希望连叔帮帮我，给我点建议。

还有一个问题想问问您，您有一篇文章说逆袭不如顺利，这里我有一个例子：我们的数学老师刚接手我们班时，我们班的水平不是很高，如果要我们班的数学成绩提高，肯定是一个长期过

程，还要使极个别特别差的同学大幅度提高成绩，不拖后腿。请问这属于逆袭吗？希望连叔能帮我解惑。祝连叔身体健康，天天开心，心想事成。

May

* * *

May：

做一个简单的练习，可以提升阅读与思考的效率：把书摆在合适的位置，你看它时，眼睛与脖子处于一个舒适的位置，你端正坐着，保持脊梁正直，左右手交叉合拢，需要画重点和翻页时，你的手才可有动作，动作做完，立即恢复交叉合拢的位置。这种姿势，属于"心定"姿势。"心定"听起来玄，我们却可以通过具体的规范动作得到它。

在"心定"姿势中，我一再强调手，那是因为你若不注意手，它就会把心里的"不定"因素表现为动作，然后诱发更多的"不定"。你不时地玩玩笔，挠挠头，摸一摸眼睛，挖一挖鼻子，思考过程不停地被轻微打扰，打扰累积到一定程度，思考过程崩溃，注意力失焦。作为学生，就会出现"简单的题目写错""粗心"这类不应该有的错误，这里扣1分，那里漏1题，看起来能力没问题，最后却考砸了。"我都懂，只是粗心"，这句常见的自我安慰是不成立的。一个人老是粗心出错，比不懂更糟糕，说明他的思考到处有漏洞。

人的大脑不停产生想法，像一条奔流的大江，睡着了都会做梦，“不想东西”是不可能的。心定不是让你不想东西，而是让你只想当下这件东西。考试时只想题目，一题题做好，这是心定。这时去想我要超过某某某，即为典型的心不定。你想得越多，超过的可能性越低，比如你把所有考试时间都用来想象超过某某某，最后得0分，肯定超不过他。

以此类推，心定任务到处都是：做作业时只想着作业，阅读时只想眼前这书，用餐时专注饭菜滋味，玩的时候玩开心，拥抱你爸妈那十来秒钟，投入一点，感受他们的心跳与爱。

我们从小到大，从学习到工作，都不会有“心定”这门功课与任务，它却是做好事情的基础。我开学校，一定会增加这种教学内容，上课前，花几分钟时间，把坐姿与呼吸调整好，进而带动思维聚焦，这样每日训练，心定能力就会更强。

我每天早晨工作之前，也有自己固定的“心定”仪式：读一首诗歌，再读几页我喜欢的中文书，最后读几页我喜欢的英文书，耗时15分钟左右。然后开始写作，直到把这篇文章推送到你的手机上。写累了，起来走一走，做几个俯卧撑，但不让任何别的资讯打扰自己。不看朋友圈，不看新闻，一眼都不看，看了一眼就有两眼，大脑不自觉就有情绪与想法，向水池扔一块石头，涟漪必然一圈圈产生。

很多没有“心定”能力的成年人，比你更苦恼，他们没有学生的作业与考试这样的硬标准，东看一眼，西看一眼，在社交媒体的信息洪流中随机漫游，什么也没做好，什么也没得到，深夜疲惫地入睡之前，满心愧疚。第二天早上醒来，又重复一遍昨天放纵的“心不定”。如果他们像你这么小时，就思考“心定”问题，意识到“心定”的重要性，建立了自己的“心定”仪式，那么，他们就能够依靠信息发展更加领先，免费即时畅饮高质量信息的同时，又避免低质量的信息弄湿自己的鞋子。

你观察那个老考第一名的同学，将发现他就是一系列好习惯的总和，包括心比别人定。这也是逆袭很难的原因，最后几名要战胜第一名，你先得建立好习惯，长时间维持好习惯，靠一两下险招，临时突击，你赢不了一个先进的系统。反过来想，如果你有一套好的习惯，包括你“心定”水准高，那就是处于“顺利”地位，不停积累优势，落后者很难逆袭你。希望你这次考试顺利。

祝开心。

连岳

大考前，听谁的？

连叔：

您好！

自我介绍一下，我是一名中考生，现正处于焦虑之时。

从小到大，我成绩一直名列前茅，但从中学开始，我发现优秀的我在一群优秀的人中并不起眼。初一我还维持在年级前五十，心中有些落差却还较满意。初二我忙于学生会，我总认为既然不能在学习上赢得一处安生，那便在其他地方取一块净土，虽然最后如愿以偿地成了chairman，但对成绩影响之大——我再也没进过前五十。这次大考我考了十五年来最差的排名。我对自己很失望。我的考试心态使我无法发挥最好的水平，我常感慨：如果每一科都考到平常的水平，我的总分和排名会很好看。我常羡慕那些不用刷太多题，不想学就骑着车满城玩，但静下来又有极大成果的人。我的焦虑严重影响了我的学习，我在学习时无法完全专心，在休息玩耍时又一心挂着学习。简直是在过"学也学不好，玩也玩不好"的低效率生活。现在离中考只有一个月了，我怕考试且不知怎么调整心态。希望连叔支点招，谢谢！

期待回信！

Sky

* * *

Sky：

大考之前有些焦虑是正常的，你以后高考之前也会有同样的心态。你那些看起来轻松的同学，他们也会焦虑。人在面临重大挑战之前，多少都有焦虑。

中考，人生只有一次，不可能有经验。但是你的老师有过多次中考经验，考前一个月该教什么，学什么，节奏如何把控，他们的应对经过了实践不停地检验与调整，是最合理的，效率最高的。你跟着老师的指引走，犯错的可能性最小。好为人师的人多，就像你得了病，几乎每个人都敢给你意见，甚至告诉你秘方，但是最安全的办法还是听医生的，虽然医生的意见听起来比外行"平庸"多了，不敢把话说死，以至于你听了以为病可能好不了。

捷径、秘诀、不劳而获，这些往往只有外行才相信，学习越差，越以为存在这些"妖术"。内行，一个行业的顶尖高手，都只信奉一些笨功夫：理解基本概念，灵活运用；大量练习，培养直觉；不逃避难点，遇见难点反而会兴奋，因为解决了难点就是解决了核心问题，占了竞争的优势。

看见难点就逃，假装其不存在。这是学习最容易犯的错误。你以后会知道，这也是人生最容易犯的错误。难点意味着最硬核的竞争，暂时可以逃，但无法永远逃，就像平时的学习，或可取巧，也有办法骗骗师长与自己，但中考高考总会来的，真正的实力才能让自己过关。

你是个聪明的人，聪明的人如果知道不逃避难点，往往具有智力与意志的双重优势。聪明人最难避免的坑，就是他很巧妙地逃避了难点，别人一时还看不出来。就像你，不是那么想学习，可是学生会主席的光环照样让你受到关注与喜爱。这就是聪明反被聪明误。

还好，你付出的成本不高，你的学习还是属于比较好的，从今开始不逃避，无论多难，也把自己的主要工作做好，你的聪明就会让你加速。学生的主要工作是学习，学习好了，其他的好，锦上添花，才有价值。学习不用力，靠别的获得关注，终究是旁门左道，美梦一场，醒了更难受。

知道了这个道理，以后，你工作了就会把工作做好，成家了就会把家人照顾好。不偷懒、不浮夸、不虚荣，你能直击要害，一眼看得到事情的难点，然后耐心地解决它，要五年就花五年，要十年就花三千六百五十天。

从今天开始就这么做。一道道题刷，一个个难点吃掉，吃掉一个就长一点力量。听老师的，如果被老师批评，自尊心不要太强，逆反尤其不能有。所谓批评，难免有些硬话，比较难咽下，认真揣摩老师的批评，它往往指向我们最习惯的软弱与逃避，一逃再逃，逃之夭夭，把他给气坏了，所以才特别严重地指出来，能够心平气和地接受，进步的效率将会快得多。

祝开心。

连岳

写在开学，学习与人生意义

连叔：

看了您的很多文，感觉您的视角非常独特也很有想法。我开学高三，最近比较迷茫，想请教连叔的看法。我在“魔都”，目前成绩肯定能上985，但是我想法特别多，导致最近注意力无法集中在学习上。

我最近一直在思考人生的意义，不知道是按照世俗的标准来伪装自己，还是遵循自己的内心，卸下伪装。我也不知道在这个利益为上的社会里面该如何生存，如果只是为了利益，那人活着不就像一台机器吗？我总是想要提前懂得很多道理来规避未来的风险，但是我也知道人生是体验一个过程，该经历的还是要经历。

我挺矛盾的，不知道我是不是应该少想一些，多去学习？但是我想不明白又学不进去，所以只好来找连叔。因为这些问题没被解决，我很长一段时间心情不好，心理咨询师建议不要把情绪压抑着，但是释放情绪又影响学习效率。希望能够获得连叔的建议。

从心开始

* * *

从心开始：

特意等到开学，展开讨论你的问题。

人生的意义是个大问题，谢谢你信任我，把它交给我。为了讨论这个问题，我也准备了几十年。

世俗的标准，追求利益，卸下伪装真实做自己，它们之间可能像你说的一样尖锐对立，似乎非得选边站。但在我看来，它们存在统一起来的可能性。我的人生经验证明，这种统一性广泛存在，追求意义的人生并不必要活在对抗当中。当然，我年轻时并不知道这点，与世界有不少对抗，这或许是一个必经的过程，孔夫子那么聪明好学的人，到了六十岁，才能耳顺，不被迷惑、误解与对立扰乱立场与心性。

比如我们这次交流，我们都真实，你好学，我解惑，符合世俗里的好师生标准，也不追求利益。一切元素都顺畅地结合在一起，并没有什么冲突。不追求利益，不就饿死了吗？仔细分析，发现也不会，利益能通过“不追求利益”的方式产生，这才是最稳固的利益。我以写作为生，不能为读者创造利益，就没有我的利益。同样，我知道这点也花了很长时间，如上面所说，我为这篇文章准备了几十年。有技术上的准备，永不终止的阅读储备，写作训练，还要作息规律，身体健康。更重要的是观念上的进化，少年时写作，着眼点都在自己，为展示自己的聪明、不俗气、与众不同，当然，只停留在这个阶段也可以，照样可以写出好文章，但那样就没什么意思了。眼界渐宽，阅历渐长，自己的一点小聪明小才气，算什么呢？一粒尘埃而已。把写作的着眼点放在他人，为他人解决一点小麻烦，都有莫大的快乐与价值。你看，古圣先贤，其他聪明人，并没有亲自来解决这个小麻烦，只有我解决了。

完成眼前的任务，技能与观念提升，再完成大一点的任务，意义也会由小到大，不停呈现。它不是一个成文的标准答案，它是一个过程，由一系列任务组成。对你来说，今年的任务就是考上985，985也分上中下，你要尽量往上。考上好大学，需要你最真实的努力，它符合你的利益，家长老师都开心，世俗的标准也会恭喜你。一件事，从个人到他人，从利益到价值，如此圆融，如此统一，怎么能不尽心尽力？

犹太教法典中，有一种对伊甸园的描述不太为人所知：上帝告诉亚当与夏娃，他故意不把创世完成，因为“完成创世”是人类的责任。我认为这种描述接近世界的本质。人的一生，就是完成的过程，一直到死为止。你永远都得尽力，完成的任务不知什么时候就会出现。任正非年纪那么大，突然就要完成中国科技企业不被打垮的艰巨任务。钟南山年纪也那么大，今年还要再战新冠疫情。大丈夫应如是。

你猜不出你以后的人生将有什么伟大的挑战，但只要不停完成，你就很可能是下一个任正非或钟南山，这是何等壮丽的人生。不过，你得先把高三完成好。

祝开心。

连岳

离你的高考还有多少天?

连叔:

展信佳!

我是重庆一个区县的高三学生, 此刻离高考只剩三十三天! 这是许多高三学子都无比紧张的时刻, 我心中特别烦躁。虽然这个烦恼一直在我心中, 从未消散过……原因大概是我的梦想离我的现实太遥远, 我不知道该怎么办吧。

小学毕业时父母给我创造了比较好的条件, 把我送到了市里的初中就读。由于各种年少无知吧, 我没有好好珍惜这次机会, 也养成了很多不好的习惯, 初中过得很糟糕, 中考考了不太理想的成绩, 以下省略。

后来我回到了区县就读。由于初中跟高中的同学还是有一定的区别吧, 我心里也比较有落差, 一开始还雄心壮志一定要重新开始, 后来考了试发现没有进步, 就很颓废, 也从来没有理性地去找原因分析自己到底失误在了哪里。随着时间的推移, 到了高三, 成绩在区县的高中还是倒数。父母对我的成绩要求也不太高了，也就是我自己对自己要求比较高，导致落差比较大。父母怕我压力大，就告诉我读书不是唯一的出路。但是这种话不是我想听的，我希望自己可以过比较好一点的生活，至少能考上一个大学吧。但是一回到班上看到自己的成绩又觉得应该放弃，也许自己真的不适合读书。在慢慢摸索中，我发现自己是因为习惯造成了懒散的行为，所以如果想要提高，最关键要从习惯上去改变。我知道这很难，所以也就放任了自己。自己的成绩可能只够上专科。很多人都觉得我很努力啊什么的，但是我很明白也很清楚自己在这方面活得很轻松，但是我只要到了一个人的时候就会想特别多，对未来感到无比迷茫。

上次看了连叔的一篇文章，说在适合自己的岗位上好好干可能会收获更大。我不知道自己适不适合学习，我根本没有真正努力过，我只是要改变比学习更深层的东西——习惯。比如改掉惰性？我不知道。我只是感觉未来特别特别迷茫。我一听见别人说我很努力，心里反而更难受了，其实我只是在做无用功，我又改变不了惰性。比如考完试就一下子放松，根本不看错题，这种微小的习惯。还有我只喜欢抄写一些做错了的题，而不去思考。改变真的很难，如果有机会，我会想去复读，但我怀疑自己复读也还会是这个样子。我也想随遇而安，可能我在其他方面会有特长，或许我真的不适合读书。

连叔，希望你可以给我一些你的看法。谢谢！

一个迷茫的学生

* * *

一个迷茫的学生：

三天前收到你的邮件，因为出差，所以今天才回，距离你真正的高考，还有一年零三十天。

三十天后的高考，你完成不了“至少能考上一个大学”的目标，知道自己这次的最坏结果，反而更容易做计划。

你有这么强的复读意愿，家境也好，父母应该能够满足你的意愿。我也支持你再给自己一次机会，人一生这么长，迟一年，关系并不大。

三十天改变不了什么，但三百九十天，或许能够改变一些事情。从今天开始，你就按三百九十天计划自己的学习。今年高考虽然无望，你还是应该去参加。而且你心里一定还希望发生奇迹，所有原来的错题你都会做，我也支持你保持这种希望，因为它一定会破灭。你将知道，实力不够，没有所谓的幸运。经历这种必然失败的绝望感，这将是你的心智资源。你明年的竞争者，那些还在读高二的学生，无论老师如何警告，因为没有亲身经历，仅凭想象，想不出危险的恐怖，而你经历过了。

最大的问题，你已经找到了：宁愿抄写错题，也不去思考纠正，把自己搞得很累，不过都是做无用功。除了自己，你成功地骗过了他人，你的父母和朋友都不忍心责备这么勤奋的你，反而安慰你，言下之意就是：这么笨的孩子，他尽力了，那就算了吧。但你又讨厌成功的骗局，你希望有个人说：混蛋，别想骗我，你一点都没尽力，你能做得更好，你并不是你伪装出来的笨蛋。

你并没有骗我，谢谢你。所以，我就是那个说话的人：你没有尽力，你能做得更好。

世上的事，多像高考一样，是以结果来衡量的。永远学不会，一直在犯错的笨蛋，是被嫌弃的。人一生都在进行考试，高考永不停止。结果都会告诉我们某些计划不可行，某些行动是错的，某些习惯得改。我们每天会发现错题，改正这些错题就是找到更好的方向。学习效率高的人，举一反三，他们一般是好员工、好老板、幸福的人。学习效率低的人，举三反一，第四次就做对了。还好，人生的道理与信条并不多，多花一点时间，都学得会，他们也能成为好员工、好老板、幸福的人；而且由于自己成长比较辛苦，还额外多了一点同理心与耐心。但是举三十不反一，举三百不反一，嘴上永远说好，行动永远不好，这就是爱因斯坦说的：所谓疯狂，就是永远重复错误的事，希望得到正确的结果。这样不仅令自己痛苦，还让所有接触到你的人，你的家人、你的同事，陷入深深的绝望，进而愤怒。你最后成为弃儿，过了某个临界点，再也不会有机会，没有永远的高四。

我希望你只读一次高四，目标也定得具体一点：必须及时修正错题，从最简单的错题开始，一题弄懂了，再接一题，请教老师与同学，刷同类型的题目检验自己的进步，死磕，举十都要反一。明年此时，离高考还有三十天，那时，你更平静，更有自信。

你明年的高考未必考得好，未必一定有大学读，即使是那样，也没太多遗憾，你完成了自己最重要的教育：找到错误，修正错误。这是人最重要的方法与路径，人生比高三高四更容易，因为人生的学问，那些天理人性、公序良俗，常人都可以理解和执行，不像一些高考知识难点，确实要特别聪明的孩子，才能够熟练掌握。

高考对许多人来说，是不如意，是失败，是自己所犯之错的总清算。但人是通过错误学习的，这次人生的第一次重大挫败，以其震撼教育，如果让你找到了受用一生的方法，那就不再是失败，而是资源。善于学习，则人生没有白过，每一步都算数。

祝开心。

连岳

我的偶像告诉我，丰富的人生是枯燥的

今天的文章需要一点体育背景知识，不过没有也不要紧张，只要知道文中提及的两人是超级巨星就行了，他们赢得了无数的胜利。

我几天前，发了一条这样的朋友圈：

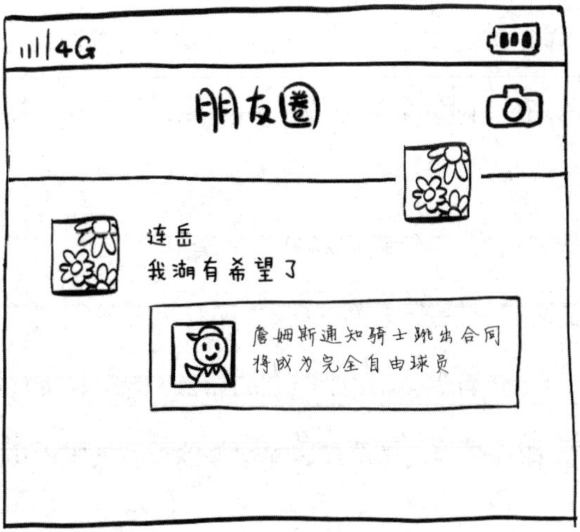

我湖指的是湖人队——我的偶像、五次总冠军获得者科比曾经率领的球队，他现在已经退役了。

昨天的大新闻是，詹姆斯以四年1.54亿美元的合同加盟洛杉矶湖人队。打满四年，他三十七岁了。

几天前那么一猜，脑子里大概闪出这样几条理由：

1. 争冠不是詹姆斯的最主要目标了，他已经在两支球队获得过三个总冠军，足够证明自己。能得冠军固然不错，但是待在一支走得够远的球队就行了。

2. 工资收入也不重要。他能够获得足够的高工资，但作为巨星，球场外的代言与影响力更重要。

3. 对于他来说，足够的曝光度才是最重要的。那么，洛杉矶湖人就是最合适的。一支大都市的主队，粉丝多，很多铁粉还是名导明星，可以彼此帮衬。还有一点是，由于转播时间，湖人所在的西部球队，在中国这个最大的NBA市场，曝光频率高过他原本所在的东部球队。

站在他的角度，就比较容易猜到答案。

今天要谈的，是另一方面的问题，即我认为，每一个人，尤其是孩子，需要一个体育偶像，这个类型的偶像，有其他领域偶像无法具备的优势，他几乎每一周都在重复提醒孩子人生中最重要的事。

竞赛一定会分出输赢，戏剧性足够，这个特征让每一个球员的特质放大，保持优点，不停获得胜利，不改小缺点，竞争力就逐渐下滑。

我的体育偶像科比，可以用他说的两句话来概括他：

一、“反正总有人要赢，为什么不能是我？”好胜心贯穿整个职业生涯，胜利永远是不够的。不要以为这很容易，赢也是会厌倦的，厌倦就会放松、偷懒，想退役，终究不能逼出自己所有的能量。

二、“我见过洛杉矶凌晨4点的样子。”喂养自己的好胜心，只能靠日复一日，单调枯燥的训练。天赋与年轻，可以赢一两年球，要长久赢，赢过联盟所有天赋出色的竞争者，只有靠枯燥的训练。

有意思的是，任何一位偶像级体育明星，告诉你的，基本也是科比的特质：强烈的好胜心，渴望竞争，以及超级自律，能够长年枯燥地训练。

成功者是单调的，失败者反而丰富多彩。

詹姆斯甚至做得更纯粹，高中时期，就受到万千宠爱，早早成为亿万富翁，但是几乎避免了所有的坑：生活不检点、情绪失控、毒品、酒精、绯闻。始终保持身体的健康，专注于竞赛。

他没有说过什么有关训练的名言，但三十三岁的身体，仍然能量充沛，已经证明了一切。

竞赛，有各种虚张声势，有嘘声，甚至有辱骂，这都是竞赛的一部分，像泡沫是啤酒的一部分。但只给你泡沫，你不会买单。真正在竞赛中胜出的，是黑不掉的实力，再强大的黑子，也无法阻止你枯燥的训练。

当然，没有枯燥的训练，再多的恭维，主场飓风一般的欢呼，也无法阻止比赛的失败。

孩子有一个体育偶像，好处是明显的：

1. 他更可能去运动，身体更好；

2. 偶像的超级自律与坚持枯燥训练的耐力，这将慢慢变成他的素质；

3. 他知道再多支持都无法取代自己的努力。

知道简单的这几条，并且能够实践，他的风险当然降低，他的成功率也当然会上升。

真理并不是很多，我们需要的只是重复实践，每天凌晨4点的训练，或许将持续一生。

道理与行动之间，有三分钟的鸿沟

昨天，一位小朋友的留言引起不少人的惊叹：

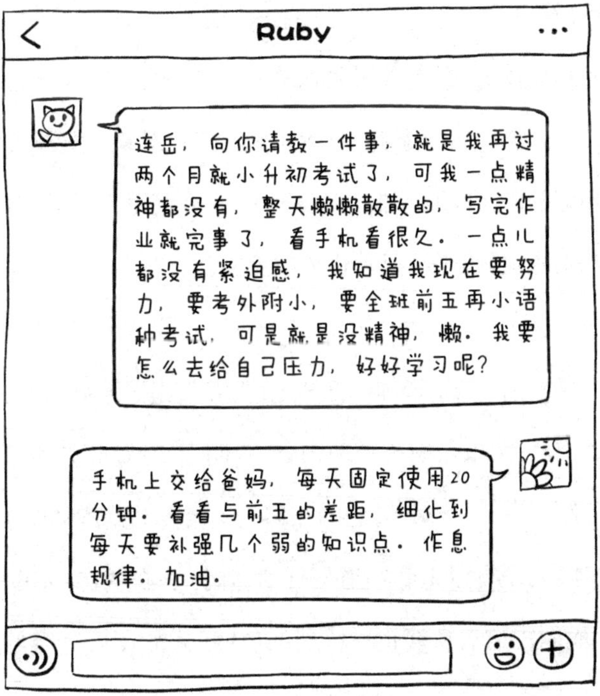

更小读者的留言，原来出现过，只不过并不像这位小朋友一样紧迫而沉重。

今天，想对这位孩子展开说一下：

你面对的问题，“我知道这么做不对，可我就是改不了”，或者，“我知道该怎么做，可我就是行动不了”，它具有普遍性，这意味着，它发生在每一个人身上，它也将一再发生在一个人身上，反复挑战你。

这孩子的苦恼之所以引起关注，在于它是元问题，许多人有类似的困境：

我知道肥胖有害健康，可我就是停不了嘴；

我知道坏脾气会害了我，可我就是不停地对家人发脾气；

我知道掌握新技能才能提高竞争力，可我就是天天玩游戏；

我知道赚钱很重要，可我总是怕丢脸；

……

他们总结出一句：道理我都知道，可我就是过不好这一生。

知道道理，可并没有按道理去做，那叫白知道，正如买了一本书，再好，你不看，放一辈子，它的知识也不会自动跑到你脑子里。

大多数人没有意识到知道与行动之间，还有鸿沟，那些过得好的人，他们知道只有转化成行动的道理，才能让人过得好。行动是最重要的。行动才能把道理变成现实。

好道理朴实可亲，不会故作高深，它总是可行的。

你认为手机干扰了你的学习，那就把手机锁起来，完成了所有学业后，看二十分钟。你害怕管不住自己，那可以请求父母帮助。

你想进入班级前五名，那多观察前五名的同学怎么做，直接模仿他们是好方法，搞懂他们懂而你不懂的知识点，一点点啃掉，就朝着第五名靠近了。

我书桌上有一个精致的小沙漏，那种最传统的计时工具，把它上下颠倒，透明玻璃里的雪白细沙就往下掉，掉完了，直观显示一段时间已经过去。我这沙漏只计时三分钟。

当我不想写文章时，或者要坚持却又意志力耗散时，这沙漏就有魔力。是的，我也会面临像你一样的苦恼，该行动了，却不行动，正如前面提到的，这是普遍性的问题，它时时发生，需要不停克服。

此时，我就颠倒一下沙漏，告诉自己：先做三分钟！做三分钟再休息！

三分钟很短，任何一个人都可以坚持，也就让我写下几十个字，但是一开始这三分钟，事情就往往做完了，开始是最难的，开始就成功了一半。

这种拆解任务的做法，你只要用过一次，成功过一次，就可以不停使用。

一门功课的试卷错了很多，令人沮丧，但不管它，先花三分钟搞懂一道错题！不知不觉，你就学了三十分钟，搞懂了好多题。

长跑好难，想想都怕，但穿起跑鞋，先跑三分钟！这么短的时间，竟然可以跑四百米！把四百米以后都当成是赚到的，很快，就愉快地跑了一千米、两千米。

生活中难免遇上令人伤心、痛苦的事，别人不喜欢你，别人不尊重你，一件事你怎么做也做不好，你想尖叫，你想放弃。如果你从小的“先做三分钟”训练足够多，你就不会害怕，很多似乎天大的事，三分钟后，你就有了新想法、新方法，然后觉得，似乎也不算那么大吧。

先做三分钟，再坚持三分钟，这是意志力训练，也是耐力训练，你逐渐能够“延迟满足”，这个能力是人与其他动物的区别，也是优秀的人与不那么优秀的人的区别，就是你能够用现在的苦，换取未来更多的甜。比如你这两个月辛苦学习，小升初实现梦想，考入你喜欢的中学，那时候你会特别满足，觉得这两个月的苦其实是幸福。没有“延迟满足”能力，现在放纵散漫的甜，总会变成未来的苦，让人活在悔恨之中。

当然了，这不是说你努力这两个月，小升初一定实现梦想，也有可能失败的。并不是努力了，就一定成功。万一小升初失败，没有考上梦想的中学，你掌握的方法，也可以在初中使用，这样，你就更接近梦想的高中，最后进入梦想的大学。

先做三分钟，没做完，再做三分钟，事情总会做完的。你以后会遇上很多挑战，但是它们都经不起你三分钟三分钟磨，别害怕，努力、有耐心的人，没什么事难得住。

想得到，做得到。天下无敌。

高三我都读完了，人生还有什么可怕的？

连叔：

我真的受不了了，我要精神崩溃了！给您写了很多次邮件和留言，您没回我，我理解。

我每天每夜地等，最后决定还是要自己改变自己。可是这才一个月，我的成绩又下滑了，真的下滑很厉害！我本来以为自己已经变得不再那么重视成绩了，可是事实是我还是会因为糟糕的成绩而难过。我以前是个所谓的好学生，排名一直在前十，现在就要到倒数了，我真的很崩溃！

我找过原因，所有的方法我都试过了，所有的题我都做遍了，我也请教过那些比我好的人，可是结果呢？我为了弥补自己的差距，一整个假期，真的是整整一个假期都在学习。后来开学成绩却似当头一棒，我以为是把自己压得太紧了，我试过放松，试过把一切看淡，可无济于事。

我真的感觉自己是个失败的人，而且作为班长，压力真的很大，我太太太难受了。刚刚自己悄悄查了下成绩，我所见过的最差成绩赫然显现。爸妈已经睡了，我把灯关了一个人在房间里哭。

我明天甚至不太想去学校了。我知道您肯定会说我懦弱，对，我是懦弱，懦弱地失败，懦弱地遭受连续的打击。我渴望一点点坚强起来，可是之前一切的坚强都没了结果。

不过说实话，我真觉得自己算是个坚强的女生，我从来不惧怕任何挑战，也一次次在打击面前勇敢地站起来。可是这一次，我恐怕是真撑不住了。

对不起连叔，原谅我在情绪这么激动的状况下写了毫无头绪的语句，原谅我在这安静的深夜将您当作发泄筒打扰您。一切的一切，都没变，我十七了，快要考大学了，本来非常明确的目标现在已经变得遥不可及，我越来越失望，因为我越来越不相信“一分耕耘一分收获”这句话了。

Rose

* * *

Rose:

先说一句让你失望的话，我这儿并没有灵丹妙药，吃一粒，成绩就第一名。

不过，我努力使你看完回复后，得到一些平静与安慰。

确实，你经常可以看到一些读者讲述他们的生活、学业、技艺在变好，现在的生存质量，是他们几年前不敢想象的，他们因此感谢我。我接受他们1%的感谢，其他99%，归功于他们自己。我一直认为，他们好比质量精良的汽车，油快烧完时，无力、沮丧、恨不得马上停下生锈，而我恰好是加油站，给他们灌满了油，他们又可轰油门上路，前路还有风暴和艰难，他们自己征服了。

所以，99%的工作还是要你自己做。好，我来做我的1%：

高三是人生最艰难的一年，没有之一，很多孩子处于精神分裂的边缘，像你这样的感受，是普遍状态。当然，你可能是属于最焦虑的那一部分，一次成绩下滑就能让人恐惧，更别说下滑似乎不可遏制。

期望与现实，其鸿沟，大多数情况下是填不平的，但高三的孩子，往往理解不了这点。老师与家长，怕孩子泄气，也往往喜欢精神胜利法，告诉孩子：只要你想得到，你就能做得到。当孩子不停努力，这鸿沟不仅存在，还在变宽时，孩子的自责就会加深，以为问题出在自己身上，由于自己堕落、不努力、胡思乱想，导致成绩上不去，其实并非如此，很多一点错也没犯的孩子，成绩就是好不了。

高三的知识，分为记忆与逻辑推理两种。文科类需要大量记忆，理科类则偏重于从基本概念出发的推理过程。记忆也有技巧，但也需要大量时间；逻辑推理能力，则需要天赋、持续训练的积累，靠单纯努力，未必有效果。憨豆先生，再勤奋，也成不了福尔摩斯。高三那些学霸，一般都不是最勤奋的，他们天赋过人，而且保有并养大了这天赋。一道难题，你想了两个小时，毫无头绪，他看两分钟，就找到推理路径。

看看你最近的试卷，扣分的题在哪里，这样容易发现自己的短板是什么。按你的勤奋度，记忆方面应该遗漏不多，有，补起来也快。而逻辑推理这块，它有时候体现的就是一个人天赋天花板，提升度有限了。

这个事实令人沮丧，但必须接受。大多数孩子高三很痛苦，但也有一个巨大的收获，那就是知道自己的真实水准，务实精神就是从此开始的。

我的意思不是让你放弃，而是让你不要哭，你尽力了，改变不了的事就不是你的责任。即使家长老师责怪你，你也要坚定，那不是你的责任。

接下来几个月，我建议你这么过：

准时作息，几点睡，几点起，不要乱。规律性、仪式感，这是每个人都做得到的，效用又大，它让人有掌控自己的感觉，它持续稳定地增加自控力。自控力强，是极大的竞争优势，它能将你的负面降到最小，而让你的正面放到最大。

告别劣质勤奋。绝望的孩子，往往认为，只要自己不睡觉，疯狂地折磨自己，愧疚感就会消失，分数就会涨。这往往起反效果，人需要一定时间的休息和放松，这块时间被劣质勤奋剥夺了，人只会越变越笨，越来越绝望。

按部就班完成学业。该听的课听，该做的作业做，该聊的天也聊，尽力，但不设定目标。好，开心；不好，接受。焦虑、狂躁、到处寻找帮助，甚至破罐破摔，都只会放大你的失败。高三很快就要结束了，痛苦不会没有尽头。

再过几年，倒回去看，高三的痛苦都是小事。连叔有资格这么告诉你，我高三比你还痛苦，也死扛过来了。

连叔还可以告诉你，高三读不好，并不是世界末日，因为我高三也读不好。人的一生，是马拉松，不是百米冲刺，高三连起点都算不上。

人一生过得好，并不需要特别高的智力，平均水准低一点都能过得好。以后，你的自控力、信用度、接受改变与挑战的能力，你的持续学习能力、保持健康的能力，这些很容易短期发挥，但很难长期持有的能力，才是核心竞争力。这些能力，你想有，就能有，你的一生，可以很美好。

孩子，别怕，高三的打击，你能挺住，以后就没什么难事了。

祝开心。

连岳

放纵，懊悔，放纵

你总是想偷懒？不要羞愧，进化天生就是要偷懒的。尾巴没用？去掉。爬树没用？我们现在爬树就是纯外行。

智齿现在也没用，但进化还没跟上，要借助牙医把它们拔掉，留着就会捣乱。

做同样的事，同样质量的完成，越偷懒意味着效率越高。第一台吸尘器就是一位苦不堪言的清洁工人，利用零件拼凑而成的偷懒工具。

所以，昨天收到这样一个问题，我一点也不稀奇：

"连岳，你好，我是名准高三生，我成绩并不理想，可我却天天看电视剧打游戏(我知道这是不对的)，躺在床上反省自己，可第二天又重蹈覆辙，我觉得我是每天后悔又不知改悔的人，还请连岳多多指教。"

大多数成绩不理想的孩子，大多数生活不理想的人，都有相似的三部曲：放纵、懊悔、放纵。

这三部曲偶尔也发生在杰出的人身上，胡适就在日记里多次忏悔自己浪费时间打麻将。

当然，杰出的人，这三部曲就是插曲，是个警示，他们迅速跳出来了。其他人，就日日重复。偷懒的本能太过强大，今天能混下去，就混吧。

回到这孩子的问题，我有没有办法？

当然有，当然有！

明天开始，不看电视，不玩游戏，读书。

这答案估计孩子自己也知道，他想要的应该不是这个，他想的是听到一句话，明天就突然变成了一个努力读书的人，世界突变了，然后他考上了北大。

他不需要训练自己，他不需要培养自己的自律，看到一句话，像被一只神秘的蜘蛛咬了一口，第二天醒来——蜘蛛侠。

我知道学习的过程很苦，我知道技能提升很苦，我知道读完一本书也有点苦，能不能帮我去掉这个苦，直接把甜给我？这是我偷懒基因的呼唤！

很遗憾，至今没有办法。所以，孩子，你明天还是不能看电视和玩游戏，老实读书吧。

孩子，我甚至还有个更悲观的预期，按你现在的起点，你可能高三毕业时，考上好大学的可能性极低。

但我还是建议你明天开始认真读书，每天和自己的偷懒冲动抗衡。这抗衡是学习的重要内容，即使你明年考不上好大学，甚至考不上大学，只要这一年里，自律的你能约束偷懒的你，这就是收获。

考不上大学的孩子毕竟是多数，除了脱盲，他们从学习生涯中得到什么？那就是：学习需要自律，没有自律，学习达不到目的。

学习不止步于高中毕业，不止步于校园，学习是一生的事情。成为一个好的服务生，好的大厨，好的生意人，成为一个好父母，踏上任何一级你想踏上的台阶，你都需要学习技能，都需要像你在高中一样，克制住自己看电视打游戏的冲动，先把学习任务完成。

自律是反人性的，学习一定是苦的，效率再高的学习，都是苦的，接受这苦。

自律就是延缓满足。凡成功人士，居家旅行必备。

现在，一个没有自律能力的人，一天浏览的碎片资讯，可能也有一本书厚，这给了他们错觉，没有自律，不必吃苦，我也知道得挺多的，何必辛苦读一本书呢，给我结论就行了！

如果你的自律性不足以让你读完一本书，你知道再多结论也是没用的：

1. 你理解不了，理解是一个系统推理的过程。就像一道数学题，告诉你答案，你就会了？不可能。

2. 你无执行力。实践理念的行动是艰难的，很漫长，结果也许在十年以外，只有三分钟耐心的人，走不了那么远。

无论你是在读高三，还是成年后再出发，那种让你痛苦的自律，就是你必须付的学费，自律能力越强，人生越美好。

昨天的文章后面，有位读者的留言，大家很佩服，因为呈现了自律之美：

“我现在每天五点起床，跑步半小时，洗澡化妆出门，吃好早饭到办公室七点半，七点半到八点半这之间的一个小时是我的黄金阅读时间，一个星期一本书的固定阅读量。我不聪明，但我希望我对这个世界的了解多一点。”

像她一样学习吧。

高考是挣分游戏
——答一位“高四”学生

连岳老师:

按规矩应该给您发邮件的,可是在学校没条件,只好私信。

我在读“高四”,但不是自愿的,一是父母逼,二是女朋友不放我走,于是我复读了。不幸的是我平日好读杂书,文科课本上的知识与我的观念严重冲突,而且我的性格没法适应集体生活。

当初我想熬到高中毕业,没想到在两重压力下我又妥协了,但我的情况更加糟糕了,被诊断有轻度躁郁症。日子一天比一天难熬,这几天换季还大病,重感冒很久了。

我的理想是写书和出专辑,可所有人都在嘲笑我的追求。我自己也对中国的写作和独立音乐现状感到怀疑,担心吃不饱肚子跌入社会底层。但怀疑不是怕,我怕的是伤害我的父亲和女朋友。对他们无休止的妥协,让我很痛苦。现在我每天都生活在矛盾、自责和幻想之中。

我应该放下，去追寻自我，可是我总想把事情处理圆滑，我害怕女朋友因为舍不得我离开而落泪，更害怕父亲失望的眼神。如果继续妥协，还有五年，漫长得可怕。想起乔布斯的一句话：愿意用一生时间来换和苏格拉底畅谈一个下午。希望您是我的苏格拉底，我的疑惑让我无休止地痛苦。

大雨

* * *

大雨：

高三“高四”确实辛苦。我也读过高三，现在有个晚辈也在读高三，对过去及现在的难过，不算陌生。

现在的教育确实有诸多问题，要得到改善，发展到更高的水平，充分发掘每个人的天赋，那可能还要等很久，你显然等不及，这点按下不说。

有没有人才不适应现在的高考制度？显然有。但我觉得比例很低，要当现在的学霸，也得聪明过人，仅凭笨功夫，几乎做不到。这一批人，换在另一种录取制度和教育制度，也是学霸。同理，学渣怎么腾挪，一般也还是学渣。多数人是成绩一般的，听到这点可能不太高兴，不过，这就是事实，早点接受，更有利于内心的安宁。

早些年，我教过一个小孩写应试作文。这经验估计对你也有用。

她相当反感优秀作文选里那些假大空、堆砌辞藻的高分作文，认为自己表达真实观点的文章才好，可是老师不仅给低分，还批评她观念有问题。

我说，没错，你作文挺好的。不过，话说回来，你会写那种你瞧不起的高分作文吗？

她说，当然会，什么意思？

我说，那好办，你高考完，文章按自己的真实想法写，高考时，就按你鄙视的高分作文写。知道好坏已经很了不起了。

她：……？

我的理由是这样的：高考不是追求真理，是为了进一所好大学，你把它当成一种挣分的游戏，怎么分高怎么来，你又没损害别人。

只要你还得高考，那么，接受游戏规则对自己是有利的。不切实际的幻想要放下，这样才不焦虑。

我不知你是否真有文学和音乐天分，有的话，确实应该培训。但有文学和音乐天分的人很少，可自以为有的人，却很多。其他领域的反差没这么大，比如你声称是大力士，举举重物，真伪立现。文艺的门槛低，你随便写几句话，也讨得到表扬，所以，很多人都敢在特长里注明：写作。

在一生中，你会碰到很多害怕竞争，不敢直面自己短处的人，喜欢将生活寄托于某种魔术，梦幻时刻一来，白纸变成了钱，成功、财富、荣誉全都来了。

你担心靠文学和音乐养不活自己，是极其健康的思维方式，所以，好好读书，考所像样的大学，读门能创造价值的专业，把养活自己放在第一位。自食其力后，玩起文学和音乐，心态也放松。

专心备考，写书和出专辑的事，留待以后再说。真有才华，总会冒出来的，万一没有，浪费了时间，才真是可惜。我有个朋友，语句都写不太通顺，关在家里写作，十多年过去了，一事无成，现在只好加倍固执地自命为天才。文艺这种以主观感受为主的东西，很危险，别太在乎。

祝开心。

连岳

永远的初中生

连叔：

您好！

关注您的公众号很久了，很喜欢您的文章，只是没想到有一天也会给您写信。

近来，我读了一些书。我产生了极大的自我怀疑——成绩和学校真的那么重要吗？

一个作家是她，一个是他。放心，都算是极有名气的大作家了。读了他们，我感觉像找到了灵魂知己似的。共鸣——我们太像了！一些观念，一些想法，一些性格……我在现实中太孤独了！发现了和我一样的人，真是感动得都要哭出来了！

然而，他们的作品里都讲到一个话题：读书和学校。开始我并没有多在乎，因为这对我来说似乎并不是一个多重要的问题。但是后来我越想越不对劲。他们说，“学校里我唯一学到的东西就是学校里教的东西都不重要”，还有“凡是被逼着学的东西，我却都不愿意去学”。尽管我并非完全赞同他们的观点，但是放下书来，我思考了。

我喜欢看课外书，但是我并不喜欢一遍遍跟着标准答案分析语文课文中的人物；我不喜欢紧张巴巴的数学物理考试，但是我能静下心来琢磨一道压轴题几个小时不知疲倦；我讨厌枯燥的英文语法，但我每每读到漂亮的英语诗句总是会不禁思索如何把它翻译得同样美丽；我不喜欢（也不擅长）写辞藻华丽的优美记叙文，不过若是阐述自己的观点我能洋洋洒洒书写（废话）上千字；我不喜欢背诵“道法”*和历史，却是对时政和历史感兴趣的。

您也许能看出来，我好像有点认同他们的观点了。

小时候，我以为“成功”就是出名、有钱（有点肤浅）；再大点，我觉得“成功”就是考上最好的学校；近些日子，我又觉得“成功”就是从事自己喜欢的行业一辈子，同时还要为社会发展做贡献；现在，我真的不知道了。

推己过后，我又想到，不少人“成功”了，但毕竟成绩从前并不是年级第一啊。

---

* 部分地区对《道德与法治》的简称。

不知您从前成绩如何，但在我看来，您是一个非常成功的人了。

成绩当真重要吗？我的成绩之前一直花费三分力左右，算是中上游吧。若是花四成力大概可以考上市第五好高中的。前段时间开始决定用功了，却看到了他们的文字，不禁自我怀疑了。

我是该用余下的六分力去追求我热爱的呢？还是，全神贯注花十成的力气一次又一次背诵“道法”和历史提纲呢？

若是您能耐心读完一个初中生的废话连篇，实在谢谢您！期待回复。

无信

* * *

无信：

成功是什么？这很难回答。你说我成功，说实话，我越来越不敢肯定，我会保留这个疑问，一直到死那一天。我感谢这个疑问，它促使我进步。有些事情当下没有答案，那就留着它，一边生活一边慢慢找答案。

我初中成绩一般，写不出你这样的文字。我高中的成绩更一般。可是，我有成绩出色的高中同学，现在可以确定青史留名，他在科研上取得了重大突破。高中出色的同学，现在泯然众人，也是有的。这证明一直领先不容易，但无法证明逆袭很容易。可以从初中就领先，当然是最爽的。

如果让我再读一遍初中高中，我希望自己更努力，成绩更好。该背诵的背诵，该理解的概念当下思考清楚，尽早体会一门学科的体系之美。现在不需要考试，我每天反而会背点什么，涉及的概念一定弄明白。我感兴趣的学科，则必然老老实实啃完其重要的著作。也就是说，我现在过得更像一个优秀的初中生。我的很多同龄人觉得我过得太苦了，但我自己觉得很幸福。能够永远以初中生的状态活着，每天都要早起完成作业，这种苦，是命运对我的厚爱，说明我有价值。再说了，这能有多苦呢？比起世上真正受苦的人，我不苦，你也不苦。我们要做的事，只要我们觉得它应该做，只要认真做，每天的任务并不重。

对学校或现行教育体制的批评，从来都受欢迎。因为普通学生毕竟是多数，如果告诉他们读不好是学校错了，是老师错了，当然是巨大的心理安慰。这不是初中生才会犯的错误，这是人性的弱点，在成人的世界也一样。当一个人想偷懒，一个人要为自己的失意或失败找借口时，他更愿意去责怪环境，而不是检讨自己。

只有那些强者，他们才会检讨自己。顺境逆境，只是自己行动的条件而已，顺的时候，不要懒，不要骄；逆的时候，不要弃，不要怕。再强的人，也有考不好的时候，犯错、失意与失败，更是必然。他变弱的信号，就是他开始责怪环境。但愿你永远不要有这种时候。

当学生的好处是，每天的任务是具体的、量化的，是否成功，成绩说了算。在以后的人生竞技场，你很难看到这么单纯的竞争。尽你的全力，去争第一，去享受自己的力量。虽然成功很难定义，但它一定需要你尽全力才能得到。或许这尽力，就是成功的一部分，尽力读好中学，尽力读好大学，尽力对家人负责，尽力陪伴孩子，尽力做好工作，在尽力的过程中，力量越来越大，也能帮助越来越多的人。从现在开始尽力吧。

祝开心。

连岳

开学第一课：人为什么要上学？

孩子：

今天是你正式上学的第一天，也许你会问，人为什么要上学呢？为什么不能像假期一样，快乐地玩下去？

上学是辛苦的，你本能地不喜欢，我可以理解。早早地起床，上课，做作业，准时睡觉，每天都是如此，周末轻松一点，不过也只是稍微休息一下，还是要做作业。为什么不能天天睡懒觉，吃点好吃的零食，玩一玩，打打游戏，困了就睡觉？

其实你的爸爸妈妈能问同样的问题，他们起得比你更早，因为要为你准备早餐，或许还要准备中午的便当，你在学校上学的时候，他们在辛苦地工作，当你睡了，他们还要洗掉你今天的脏衣服，把家里收拾清楚，考虑怎么把你明天的早餐做得又有营养又好吃。他们也可以问自己：我为什么要这么辛苦？天天玩不行吗？

他们也天天玩，不工作，就会没有收入，买不起你的早餐，你也不会有衣服穿，手机、电视机更用不起，你一点也不可能快乐。换一句话说，所有舒服的生活，所有的快乐，都需要有人辛苦地工作，才能够维持。他们宁愿每天辛苦地工作，因为他们彼此相爱，他们也爱你。辛苦工作可以让自己爱的人生活得更幸福，不辛苦工作，自己爱的人就会生活得不好，那样令人伤心，正如你看到妈妈哭了你也会伤心。

当你爱一个人时，你愿意为他辛苦工作，你想让他开心。

你爱你的爸爸妈妈，这是毫无疑问的。爱是相互的，就像拥抱一样，需要两人都张开手臂。你上学，辛苦地学习，就是一种爱。你不再是很小的小孩了，你有能力承担自己的责任，目前的责任就是上学，一天比一天更有学问。辛苦工作不再是爸妈照顾你特有的责任，你也慢慢有了回馈的能力，你们辛苦工作，我辛苦上学，我们是相亲相爱的一家人。

辛苦上学，当然不能仅仅是为了辛苦，若论辛苦的程度，不认真读书的孩子其实更辛苦，因为一样不能迟到早退，一样要做作业，但是因为不认真，作业不会做，考试不及格，让自己和爸爸妈妈，以及老师，都更辛苦了，难道这证明他更有爱吗？显然不是的。

辛苦是为了成长。你越长越高，你越来越有知识，你有一天，发现比妈妈更高了，比爸爸更有力气了，你看过的书他们没有看过，你掌握的知识让他们惊叹，他们甚至开始请教你问题。

十多年后，当你要接受最好的大学教育时，你甚至并不害怕远离他们，去另一座城市，去另一个国家，你渴望见到那里最好的老师，去完成最辛苦的课程，你不仅超越了你的父母，你还想超越某个领域内的所有人，你知道自己体内藏着能力，还能生出新能力，只要通过系统持续的学习，接受最好的教导，面对最强大的竞争，你最后能享受最高级的快乐，这快乐远远超过睡懒觉、吃零食、玩游戏。

这快乐是用爱回报所有爱的快乐。

这快乐是让你值得爱，值得尊敬的快乐。

这快乐是通过发现与创造，给他人带来快乐的快乐。

这快乐是让你真正爱自己的快乐，你为自己做的事自豪。

得到这些快乐，需要很多知识，很多能力，过程很辛苦，但每一步走好，也不会很难，这一切，从开学第一课开始。

孩子，我们一起加油吧。

一条高考应急建议

连叔:

我回县里高考，家里爸妈和奶奶喜欢吃饭时讲别人长短，挑别人的刺。我受不了了，回房间关门塞起耳机，就连歌曲间隙都能听到我爸责备我弟的声音。平常也没有几句人和人之间的正常交流，常常听到的总是抱怨、责备和消极信息，我只有靠塞耳机来隔音。一点小事就能让我爸发火，但他对我又挺“将就”的。学校里我和同学们一起开开心心，现在回家了脑袋里全是长辈们说话时的“抑扬顿挫”。快疯了，写不进去题了。昨晚自己吃了泡面，今早去外面吃了早饭，不想再听到那些东西了，但高考前还有好几天要熬，这才不到一天我就受不了了。离上大学还有两个月，我打算高考后到市里找个暑假工，既能赚钱又能远离这个环境。

我现在也变得和他们一样，开始挑他们的刺了，我也开始消极了，且我现在能感觉到他们的观点和想法在我心里形成的冲撞。连叔我有两个问题想问您：我该如何正确地认识他们对我弟很苛刻老是责备他，对我又迁就这件事，我要怎么摆正自己的位置？我又该怎么抵抗他们的消极声音，不沾染上坏习气？谢谢连叔。

小羊苏西

* * *

小羊苏西：

高考马上就要开始了，我建议你一心高考，万事不关心。只要高考没有取消，天塌下来也不要管。要把思想与精力聚焦到极短极窄的一段时空，一科考完，无论好坏，就忘掉它，好像没有发生这件事，专注于即将考试的那一科，如此"机械"地度过高考那几天。此时，讨论你的爸妈、奶奶与弟弟，完全没有必要，你得把他们当成陌生人，"六亲不认"。

高考是你面临的第一次大压力，人在此时，往往敏感、易怒、容易分心，换一组不同的家人给你，你也有可能找到理由焦虑。有人甚至会因为窗外的小鸟唱歌而崩溃。你的家人当然不像小鸟那么无辜，但你要意识到，你现在的情绪是压力的体现。高考一结束，你的容忍度就会大幅提升，觉得：人嘛，哪有完美的。知道情绪的真实意思，那就不易崩溃，能够控制自己，否则，此时发泄与争吵，家人惊慌失措，你的情绪波动也加剧，只会对你的高考不利。

高考难过，包括其中面临的情绪挑战。这难过很有价值，好好经历它。因为人生与自然一样，与宇宙一样，都是由一些相似模型构成，你经历一次的事，以后将不停重复经历。理解了一次，战胜了一次，就不怕以后的无数次。下次类似高考的压力出现，你对干扰、情绪与应对，就有大致的理解。

人在类似高考这种高强度的压力面前，容易逃避。控诉、发火、崩溃，甚至甩锅、碰瓷、找碴，都是逃避的体现，人要给自己找一点理由，给别人找一点过错，那还不容易吗？此时应该回归最本质的动作：只要我按部就班把事情做完，这一切不舒服就会消失。

所以，那些人生中应该承受的压力，都得去承受，越逃压力越大。恭喜你承受了高考压力。从此开始改变世界之旅。没错，每个人都在改变世界，你也一样。路径大概是这样的：承受高考的压力，承受大学的压力，承受工作的压力，承受爱情的压力，承受养家的压力，承受事业的压力，承受对社会有所贡献的压力，承受死亡的压力。而每解决一个压力，你获得的尊重就会多一些，给他人的能量就大一些。

我估计，你高考完，就能慢慢成为弟弟的小依靠，愿意倾听与理解。慢慢展示成人力量的哥哥（姐姐），为弟弟提供更好的人生模板，就是在帮助他、拯救他。人生的成长就是这样，因为别人做不好，那我来做得好一点，我来提升效率，我来找条新路，我来承受压力。只有这样，孩子才会胜过父母，未来才是美好的。

祝你及所有考生高考顺利。

连岳

守规矩，真佛系，无难事

连叔：

您好。我是一名高三的学生。我有一些问题想咨询一下您。我希望能从您的阅历里，汲取一些智慧。

连叔，我感觉我的状态不对劲，我觉得我甘于平凡，享受平平淡淡，觉得与清风、鸟语相伴就很舒服。

因为今天要上学去了，我想找到那种冲锋的劲头，我不想我以后那么悲惨，但我又不知道，如果我真的落榜了，我的悲惨到底又会是怎样的。

看到一个北大学生说，世界那么大，安安分分，循规蹈矩地过一生太可惜了。但我很多时候甘于平凡，我不知道我的格子外是怎样的一个世界，它又为什么值得我去拼搏？

我又看到高考生不想让他们的亲人失望，他们拼尽全力去学习。看到他们和家人间的情感牵绊，我很羡慕，我也不知道我的落榜对我家人会产生怎样的影响，至少我认为不妨碍他们安逸地生活。

从表面上看，我觉得别人的拼搏很棒，但我又不知道那是一种怎样切切实实的感觉。人们都很感谢高三这段时光，但我对我高三的时光却是无感的。

我觉得我是无知的佛系。连叔，您看到这些话从一个即将考试的高三生口中说出来会觉得很可笑吧。我觉得我彻彻底底被无知包裹着，我觉得我的青春是死的。连叔，希望您能跟我分享一些您的看法，我不希望亲手将自己“杀死”（我不是想不开，是怕我把自己的生命给虚无消耗，成为一个社会蛀虫）。连叔，希望您能看到我的来信，能给我这个无知的高三生分享一下您的看法。

谢谢您。

一个高三生

* * *

一个高三生：

浪费一生的感觉是很糟糕的，你现在有这个怕，我觉得未尝不是一件好事，它可以成为你的精神源泉之一。因为青年中年的这种怕，威力是现在的十倍百倍。

我们分析问题，有个好办法，把摆在面前的概念理清楚，它到底指什么？思维能力弱的人，这个技能终身没有掌握，老是会在一堆定义不清楚的概念中迷失，别人说句漂亮话，生造出一个概念，他不假思索地接受，最后付出的成本极高，甚至浪费半生一生。

先来看那个北大生打动你的话："世界那么大，安安分分，循规蹈矩地过一生太可惜了。"这句话当然不算错，但我觉得你可能理解错了，不想读书，愿与清风鸟语舒服为伴，这肯定属于不安分，不守规矩。可是这么做的后果是世界变小了，只有清风鸟语。要知道，人家可是考上北大才发这个感慨的，他在高三时，一定是安安分分的规矩学生，才能把功课学好。

安分与规矩，并不容易做到，是人的基本功。无论你是什么身份，现在是高三学生，以后是大学生，与人恋爱，成为父母，在各种社会角色中，按规矩做事是第一位的。人生到达自由状态，并非靠不守规矩，而是孔夫子所说的"从心所欲不逾矩"，吃透规矩后达到大自在。

人生说难也难，说易也易。遵守一些简单的规矩，就可以用容易的方法完成艰难的任务。这些简单的规矩就是所谓的天理人情：诚实、信用、勤奋。高三剩余的这几个月要不要勤奋？这其实是一个信用问题，父母资助我们读书，我们不勤奋、不尽力，是一个违约行为。这和拿了工资不完成工作，收了货款不交货一样。

离高考还有不到一百天，并不长，按照老师的安排，每天完成任务就行了，遵守这个简单的规矩能安抚你的情绪。别以为有更高明的计划，尤其是你自己想不出更高明的计划，胡思乱想只想得到“清风鸟语”。在一百天内尽力去做一件事，即使这次高考不顺利，得到这份专注力与执行力，也能让你升级，你明年的任务就容易得多，无论你是大学生，还是“高四”学生，甚至是一个职场新人。

你说到佛系，我觉得我也佛系。佛系不是无所作为，就地躺倒，佛系是更注重本质性的规矩，克制自己不在细枝末节上浪费能量。正如打坐是佛系，打瞌睡却不是。专注当下，你今天专注学习，我专注写这篇文章，这才是佛系。我们管不住自己，空耗今天，那是魔系。

高考是个巨大的压力，高考也未必一定成功，但人生经历这样的挑战是有价值的，我们因此知道，一切空想，一切华而不实，一切投机取巧，都帮不了自己，只有遵守学习的规矩，一道道题刷，一天天熬，信心与实力才能慢慢增长。

祝开心。

连岳

佛陀怎么行走？

人的大脑是永动机，一刻不停制造各种念头，就是熟睡当中，它也制造梦境，有时还吓你一跳。

这有个好处，说明它是高效的工具，那么低的能耗，运算方法与能力，超级计算机也比不上。坏处也是明显的，它产生悔恨与幻想。悔恨，是你对过去不满；幻想，是你对未来不智。而你在悔恨与幻想之时，就没有精力照顾当下，后果就是产生更多的悔恨与幻想。

如何保留大脑的好处，尽量抑制坏处，就是个大问题，解决得好，思考的效率高很多，人生自然也好很多。

想到昨天有位小朋友的留言：

连叔，坚持写文章这么久，会不会有倦怠期？

倦怠的时候都是怎么克服的？

我是高一学生，感觉有些进入学习的倦怠期，希望能重新以充沛的精力对待学习，继续奋斗三年，能给些建议吗？

他问出了大多数人的普遍感受，不仅高一学生有。我现在回想起高中生涯，那种刑期毫无尽头的感觉仍在，当时也没人指点——当然，这没什么可抱怨的，同样条件下，我妹就是学霸。

经历过的都有价值。现在想来，有个明确的目标，但目标又在三年之后，这种体验，对于构建一个人的精神，大有帮助，甚至可以说必不可少。在长期目标与短期努力之间，建立平衡，持续输出，你不会过于兴奋，以至于透支热情，你也不会过于低落，以至于失去斗志。

一个走远路的人，又走在必须走的路上，他是不会有倦怠感的，他可能会累，但是他一定会完成旅程。其中的方法就是，专注当下。你不会累得无法动弹，停下来或者放弃的理由，都是因为心理崩溃。

一个人，有能力跑完一万米，心态没调整好，他站上跑步机那刻，倦怠就产生了，单调的重复，漫长的一个小时，太难熬了，随着体力下降，后程就相当容易放弃。而你只要想到，目标总会完成，只想着自己的呼吸、步态，眨眼间三十六秒过去了，跑了一百米，你完成了1%，又过一会，十分钟了，不知不觉，就跑完一个小时。这其实类似于打坐，打坐经科学证明，对脑部有好处，就是训练自己把注意力放在呼吸，让思维安定、沉静。长跑时，专注于每一步，每一次呼吸，效果一样。

人生要有些长任务，延迟满足，三年后，五年后，十多年后，梦想才能实现。否则，就可惜了当人的机会。你没有学会把任务分解到每一个当下，又承受不了巨大的重量，很快就会垮掉。

著名的一行禅师，他的《佛陀传》里，这样描述佛陀的步行：

> 他的步行就是为享受步行而步行，他似乎全不在乎是否能到达目的地。他的比丘们也是如此，没有一个人呈现些微的紧张和不耐烦，或希望尽快到达目的地。每个人的步伐都是那么平稳缓和。他们就像一起写意地散步，没有一点疲态。而每一天，他们都可以走一段很长的路程。

慢就是快，专注当下的慢成就了将来的快。佛陀这么走路。

每个人也该这么走路，这是到达目的地的最好办法。三年的高中要这么走，一生也要这么走。终生学习为何重要？除了这是知识社会的硬性要求，更重要的是，学习——一种需要专注的行动，它是比行走、跑步和打坐更重要的思维训练，它会渗透到一个人的所有行动中，从而抵挡悔恨与幻想的侵蚀。

2

成为更好的自己

好习惯比坏习惯多，好习惯重复得比坏习惯多，每天都有一点点收益，就有好的人生。

高考越来越近，我却脾气暴躁

连叔：

你好！

终于，我成了不久前看到的“迷茫的高考生”，写这封信，就像……抓住最后一根稻草吧。这些年，学费从一年一万多交到了一年近两万，在小县城里堪称“贵族学院”。是啊，大家都这样说，身边的亲戚只会来一句：“花这么多钱栽培你……起码考个厦大，是吧！”我不知道他们是在“激励我”，还是“嘲讽我”。

浑浑噩噩又过完一个寒假，寒假什么计划？全部泡汤。马上迎来开学考，想必又是很烂了。没办法闯作业林、渡试题海，就等着老师们的口水风暴。我不知道他们是怎么做到一边吐槽所谓“名师”水平基本都一般，然后一边去学他们的“花招”，再来埋怨我们基础不好。但是……普通民办校基础能好到哪里去？！老师们已经在盘算着缩短讲课时间，改为自学。我：自学？我盯着课本，也不能盯出朵花儿来吧……我们只有课本，但要竞争的对象可是人手一台平板电脑还学习能力很强的！！臣妾做不到！还有总是做不完的作业，挤不出时间刷的题，应付不完的没用的活动……

唉，我不知道高考会怎么样，可能也会正常地“发挥失常”吧。经过了八省联考一片魔幻的摧残，就像所有的雨都要落在同一朵花上一样，我想躲。我只打算稳稳地填一填二本……我是没目标、没理想、没追求了，一本就是遥不可及……我尽量抓住最近的宝！就是看起来完全和金钱付出不对等。作为“最差一届”的一分子，有的老师亲切地给我们总结了，可能因为我们是“非典宝宝”，所以才不聪明。哈哈，一点也不好笑！

最令我困惑的是老师，先前分开开“男生女生会”，男老师开女生会，告诉我们女人就是要相夫教子。最近一段时间来，老师们又夸起了“差生”，说：“不管老师怎么骂，他们隔天还是能笑嘻嘻地说老师好，哪像你们，说两句，脸就臭得不得了！”还有多着呢，感谢他们，我也算“学会做人”。因为选科，我阴差阳错进了“快班”，还好吧，也就是经常性垫底，就是每天都能听到：“你还是快班的！丢不丢人？！”“你们快班的必须会！”“没考上一本多丢人！”……嗯，是哦。我是快班的呢！但是，完全没有被“激励”到呢，我可不是宋荣子！基础差、学习能力差就是我最大的缺陷，上课不敢睡觉，生病不敢请假。但是……呃……无奈，是我不够努力吧，是我没有放学后再留三十分钟吧，还是我没有过上“标准高三生生活”？我不知道……

祝好。

一个迷茫的福建考生

* * *

一个迷茫的福建考生：

想起三十多年前，我有个学霸妹妹正在读高三，有天突然收到她的信，诉说压力很大，大把掉头发。我看了很慌，想好好回一封信。想了几天，一个字也写不出来，当时确实没那个本事，我只比她大三岁，自己那个愤怒、恐惧、难熬的高三没有结束几年，还会在梦中纠缠自己，实在不知如何化解。后来好像就没回信，她自己熬过去了。

高三谁都难过，无论成绩好坏，只要你心中仍存一丝希望，就会难过。三十年前如此，现在如此，三十年后也如此。你的邮件，从亲人到老师，从社会到学校，从说话方式到教学方法，逐一抨击，我不会和你探讨这些问题，因为他们的表现方式一百八十度转变，你的抨击火力照样这么猛。高三学生，就是放进伊甸园里，他们也什么都看不惯，这是他们表达害怕的方式。人高马大的大孩子，也不好意思怕得脸色发白掉眼泪，只好表现得不在乎，逆反，离经叛道。眼里的同学、父母、老师，个个都猥琐。以一种极端的攻击情绪替代内心极端的害怕。我高三就是这样的。只是当时不知道自己是害怕，以为自己快要发疯。

高三不仅你怕，你所处的整个系统都怕，老师、父母比你更怕，怕你撑不住，怕你放弃，怕你太害怕，怕你的天天抨击。又不敢跟你硬碰硬，忍你，让你，恭维你，让你觉得自己特别有理，特别来劲。有些毫无头绪的家长，若按你的指示改变照顾你的方式，你却会变得更加火大。这时候，你就不是个正常人，完全开启碰瓷模式，镇关西怎么卖肉，都要被你打。

知道自己的这个真实状况，对自己有好处，它是不可避免的，是大战发生前的恐惧，只能接受它。战胜这种恐惧的最好办法，就是保持生活的简单，越能简单重复，胜算越高。

高三学生，做到顺从，即可简单。顺从家人的照顾，生活无忧，家人是照顾你的专家。你再不喜欢的老师，都是应对高考的行家，顺从老师的指导，学习无忧。把自己的生活极简至准时作息，听课刷题，这样时刻安定，妄念变少，内心也可趋向宁静，波澜不起。在重大选择与挑战发生时，我们要做的，是减少外界的干扰，什么都看得惯，什么都看不到，赞美自己，赞美他人，抨击批评这种事，更是碰都不要碰。

祝开心。

连岳

一切人生行为的定价中，什么最贵？

连叔：

从大一看您的公众号到现在已两年有余，您的冷静慎思让我觉得身边多了一位很可靠又知识渊博的长辈，温暖、安心。每当我遇见一些当下无法想通的问题时，我便会翻阅您以前的文章，通过读别人的故事、您的解答，来找到自己的答案。可我最近出现了以我的能力不可解的问题，心中一团乱麻，越想寻求一个最优解，却越被困在死胡同。我只好鼓起勇气给您写了第一封信，希望没有叨扰到您，盼您回复，为我指明方向。

现在我是一名大二下的学生，不出意外的话是2021年12月考研。家人虽支持，但应是没有经济能力支撑我的。同时我因为生活费不够充裕却被欲望支配，开通了白条和花呗，欠了大约有一万五，有债务在身。每每看到这些债务我都后悔不堪，想要尽快还清债务。这些债务都是我虚荣的因种下的果。

我没敢跟父母说，也没想跟他们说，因为他们现在有自己的债要还，处在水深火热之中，连我的学费都是助学贷款，生活费也都给不了。

所以我打算休学，休一年半，2021年9月复学，这期间在外打工攒钱，还清债务的同时还有一些经济基础，能更好地为考研做准备。

因为债，我认为我必须休学，可是我休学一年半，回学校变成大三19届的学生，因为缺了大二下剩下的课。我不确定自己能很好地完成学业。回到学校住的地方会不一样，身边的人也会不一样，万一我不能好好相处适应呢？

还有一种可能是变成大二上20届的学生，重新读一遍大二，2024年毕业。那时的我已经二十四岁了。是不是有点太老了？我好害怕。

我想参加2022年12月的研究生考试，2023年毕业，却又担心本科的学业给我拖后腿。

我心里又有一个念头说，打破旧我就是痛苦的，也许二十四岁就目前来看是老了，但十年后，三十三岁和三十四岁也差得不多嘛。

我好纠结，还是不知道我这样休学的决定对不对。我的钱也要还不上了……

我感觉自己是个罪人，为什么要欠这么多钱，连叔是不是连您都看不起我。我感到好迷惘。

请您骂醒我吧。

一位深陷泥潭的大学生

* * *

一位深陷泥潭的大学生：

最紧急的事情出现时，先解决它，而不是想着之后的衍生事件。一是这样浪费时间，二是紧急事情解决后，衍生事件也就不会发生了。

你的紧急事件是告诉父母你欠了钱。深陷泥潭的他们听了，可能会痛苦，可能会生气，也有可能帮不了你，但是他们有权利知道。再弱的父母，孩子向他们求救，都会有被信任的感觉，这也能唤起他们内心的责任感，能让他们更努力、更振作一些。相反，当他们以后知道孩子危难关头也不愿意向他们求救，他们会觉得自己被彻底否定，毫无价值。

或许你会说，我能给他们一个漂亮的休学理由，不让他们知道我的真实困境。没错，很多人是这样做事的。但这不正是虚荣吗？你也知道，是虚荣让你陷入泥潭。是时候放弃虚荣了。

年轻人容易虚荣，这是孩童时游戏状态的延续，以为假装了就有实质。这是还不知道世界的运行规则，你的学识，你的财富和你的地位，是装不出来的。不接受这规则，强行装，那就得一个小债务接着一个大债务，一个谎言接着一个谎言，一个幻想接着一个幻想。虚荣的人，总是以为下一个美妙的计划就会弥补之前的一切损失。再虚荣一次就会成功，他们总是这样以为，不过，每增加一次虚荣，都让他们得到的资源更少，判断力更弱，更容易上当受骗，甚至会去维护骗术。我见过太多人这样毁掉一生。在一切人生行为的定价中，虚荣是最贵的。

向父母坦诚你的债务，这就是放下虚荣。从此对虚荣就有了免疫力，这一万五，也算有收获。没有一个正经人会看不起年轻人穷或出身低，相反，他们会高看一眼那些正视自己不利处境的年轻人。

一万五千块钱，不算大问题，你的父母应该能够找到办法。万一他们连这点信用与实力都没了，那你想想看，在家族中，你最尊敬的长辈是谁？向他求助。这是你第一次正式使用你的信用，制订确实可行的还款计划——应该是你工作后才有能力。这个难关渡过后，学业之余，你可能需要打点工，挣到自己的生活费后，尽量争取还一点钱，一百两百都行，这是维护信用，获得尊重。这是你的立身之本。

本科毕业后，就赶紧出来工作，研究生教育，对你来说，还是买不起的奢侈品。别人都是研究生，我不顾自己的条件不允许，也非得读一个，这也是虚荣，只不过很容易包装成上进心，自欺欺人。到你经济状况改善以后，攒足了几年的学费与生活费，那时还是特别想读研究生，再去考。

再过十年二十年，你可能一天都能赚一万五千块钱，成长为能力很强的人。那时，你将想起现在一万五千块债务对你的打击，并感谢自己从中得到了教训，受用一生。

祝开心。

连岳

体育在考试中越来越重要了，好事

体育在考试中越来越重要了。几天前教育部体育卫生与艺术教育司司长王登峰说："学校的体育中考要不断总结经验，逐年增加分值，要达到跟语数外同分值的水平……在此基础上，通过不断总结经验，立即启动体育在高考中计分的研究。"

我非常支持这个改革方向。这是真改革。在中国的教育中，没与升学挂钩，就重要不起来。体育课从来都有，老师家长嘴里都说重要，但一到考试就得靠边站。有些孩子可能没上过几节正经的体育课。

几年前，我见妹妹的儿子细细长长，有往柔美方向发展的趋势。我跟他说，男人还是得强壮。我建议他从俯卧撑开始练起。

小家伙很自觉，没事就练几组，现在一口气能做几十个。不久前见到他，发现他开始练引体向上，简单而硬核的力量训练。家里装了单杠，他经过就跳上去挂一下。现在能做半个。我说，我们英雄选择略同。我这几年也迷引体向上。我常待的地方，家里、办公室，都装了单杠。从半个到一个，花了不少时间。只要能完成一个，肌肉可做完完整整的运动，那接下来，就是三个五个，十个以上。我就是这么练过来的。

体育容易形成链式反应，只要开始练一个项目，就会练许多项目，然后会欣赏竞赛，参与竞赛。这只是表象，最后练出来的，是自律，是意志。

人经过贫穷与战争的洗礼，可能意志顽强，精神坚韧。但那成本太高。为了训练孩子，人为地追求贫穷与战争，本末倒置。中国和平发展四十年，怎么够，最好永远和平富裕下去。在这种环境中长大的孩子，为避免大范围出现的娇气与软弱，体育是最好的选择。体育竞技，是战争的变形，是力量与意志，合作与对抗的大训练。在短时间内，可体验快乐与悲伤，失意与骄傲。最重要的是，可一次又一次重启训练和比赛，成本极低。

这次教育改革，真正重视体育，做了该做的事。家长应该欢迎，不仅应该监督孩子练体育，最好自己也练起来。有人担心体育与语数外同值，会引发作弊，那是杞人忧天，过虑了。其作弊的可能性小于语数外，后者可以漏题、偷看、带小抄，体育最拼硬实力。比如引体向上十五次一百分，你只能拉十四个，那多一个你难如登天。你也几乎不可能失误,你的实力是十六次,那一百分稳稳的。

体育的乐趣,无论是力量训练还是心肺训练,都得先苦后甜,先熬过乳酸堆积,才迎来快乐的多巴胺。虽说爱运动的孩子坏不了,但没有教育者一个强制启动过程,小朋友自己主动喜欢,概率很低。

学会失败，写在高考之后

过了一个端午，高考这件大事结束了，很多人经历这次人生不得不经历的考试，我想，其最大的好处就是学会失败。

失败并不让人喜欢，它令人沮丧，身处其中的人陷于自我怀疑、自我否定，看不到希望，有人因此一蹶不振。这么糟糕的体验，为什么还有学会失败一说呢？那是因为，人性再不喜欢失败，失败感也将一再出现，胜利是个瞬间感受，而过程却是一连串的失败感构成。就像高考顺利完成后，你如释重负，为了这一刻，你多年感觉喘不过气来。

高考无非两种结果，一是成功，一是失败。

高考因为无比重大，全社会力量在加持，成功者将产生一个错觉，以为从此人生一片光明，失败者也将产生一个错觉，以为从此人生一片黑暗。这种错觉不走出来，无论是高考成功者还是失败者，最后都得失败，高考这个苦就白吃了。

高考的核心，总的来说，是考核一个人的智商。智商高者胜利。智商很重要，但在一个人的总体素质中，它占比又不是特别重要。只有极少数天才，可以只凭智商吃饭。也就是说，他的发明创造如此重要，以至于人们不得不忍受他其他方面的一切短板。这样的人物，全中国的一届高考生，出一个就了不得。其他人，就是上了985、211，在新的平台上竞争，智商大家差不多，其他方面的比拼才开始。

很多孩子进入好大学，震撼教育才开始。从高中的一枝独秀，瞬间打落成泯然众人，情商、家世、才艺、谈吐，赢过自己的同学太多。身陷这种失败感走不出来，智商用来愤世嫉俗，用来包装嫉妒之火，那高考的成功反而成为诅咒。没有勇气往前走，无法在失败中成长，只好退回高中的记忆，人生封存在那一段高光时刻。这难道不是一种死亡吗？

而数量更多的高考失败者，更应将之当成一个小失败翻篇。如果你的脑海里也只有高中记忆，充满着“如果高考成功，我就将如何如何”的幻觉，那是炼狱似的死亡，因为你把自己封存在痛苦的记忆里。

人活得幸福与成功，并不需要高智商，一般智商足够用了。底层的核心竞争力量，不是智商，是品行。一个人极聪明，但要奸使滑，最终他竞争不过一个智商一般，但诚实信用的人。

活得越长，你越知道品行是最后的决定性因素，而品行是没有门槛的，你想诚实信用，你就能够诚实信用，它是一个选择而已。绝大多数人的智商，可以从事世界上的绝大多数职业，分出胜负的，是品行，不是智商。而高考考察不出品行高下。高考失败，完全不是多大的事，因为人生的考试，永远都在进行，考题也不难。比别人勤快一点，整洁一点，眼里的活多一点，把自己的诺言看得重一点，多想着为合作者创造价值，都是些轻松的挑战。在这过程中，你自己得到的一定也多。慢慢积累，滚雪球，坚持原则，人生自然越过越舒服。

一个人的智商，或许不足以成为爱因斯坦，不足以考上好大学，但是一个人的智商，用来从失败中学习，用来爱己爱人，用来过好这一生，完全是足够的。在人生的一百年里，高考终究只是小考试。

情商是智商的高级体现

连岳老师：

您好，我是一名即将要上高中的学生。我要上的高中是一所私立学校，要上私立学校的学生就必须要有一定的自律能力，这一点我相信您肯定知道。但是我在情绪掌控这一方面太欠缺，就比方说动不动就发脾气，甚至还会影响到我的家人。我真的不想因为情绪影响到我的学习和生活，毕竟去私立学校就不在父母身边，我怕情形会恶化。连岳老师，我一直在读您的文章，这是第一次留言，希望您能给我提一些宝贵建议，谢谢。

Iphigenity

* * *

Iphigenity：

很多人习惯把智商与情商分开考核，在我看来，情商是智商的一种高级体现。情商高，就是对人性的情绪有深刻的认识，能够准确捕捉通过情绪体现出来的诉求,迅速应对。

情商高的人,总是给你一点就通的感觉。你的言外之意,用语言文字表述,可能说不清,不好说,不能说,他马上能够体会。释迦牟尼手持一朵花,什么也不说,摩诃迦叶微微一笑,释迦牟尼知道摩诃迦叶已经知道。

情商的基础还是理性,也就是说,它不是天生的无法改变的属性,而是随着你对人性的理解,慢慢提高。你现在被自己的脾气折腾得很辛苦,但是将来,这脾气却是你的资源,它在心底开始出现时,不再是破坏者,而是信使,传递一个重要的信号,提醒你要有所行动。

对人性的理解,是从对自己的理解开始,我是人,理解了我就理解了一切人。你已经开始这么做了,而且对自己的剖析相当冷静:我脾气不好,但高中的环境可能不允许我乱发脾气,害怕自己情形会恶化。我的结论刚好与你相反,恭喜你上了一个能够约束你脾气的高中,让你脱离了原来乱发脾气的环境。脾气毫无节制地发泄,它将越用越多,力量越来越大,到它彻底失控之时,你会发现,那些可悲的受伤者,明知这次发脾气将毁掉自己一生,也克制不住,那是理性彻底丧失的体现,是低智商的结果。

脾气是表述的一种,我们不知道其中诉求时,就会非常害怕,只要听懂它，也就容易驾驭它。在学校这种小环境里，成绩好的学生反而脾气好。他们实现了自我，受到尊重与喜爱，地位高，前途光明，心里很难发酵出脾气。要让自己脾气好的终极方法就是能力提升，一个学生，你分数增加，内心喜悦，更专注于学业，然后继续提升，这个反馈系统一建立，坏脾气所需要的能量就没了。以后你成年了，也是这样，做事负责，事业有成，受人尊重，你的脾气就不会大。

坏脾气，伤害自己的亲人与无辜者，是无能及无力的体现。记住这点本质，就不会上坏脾气的当，坏脾气总是会给你找借口，给你正当的名义，从而将暂时软弱的你变成永远的牺牲品。一个人知道自己无能、嫉妒甚至绝望，都不可怕，当这些暗黑的情绪被赋予正义的名义时，杀伤力才可怕，你毁灭他人，最后也毁灭自己，是失控的野火。

当你突然憎恨自己父母时，当你突然想和同学起冲突时，只问自己一个问题：他们伤害了我吗？有第一个问题，就会有第二个：如果我觉得受伤害，是不是我的误解呢？问完这两个问题，脾气就被你捆住大半，能量开始消退，最后你发现的原因可能是自己成绩不理想，害怕受到责备，又觉得沮丧，甚至有一丝嫉妒，最大可能是太累了，需要休息一会。

祝开心。

连岳

最好的学习方法

好的学习方法，是复述。看完一本书，你能把要点转述给听众，基本上就掌握了。

从婴幼儿开始，学习就是通过一遍遍的复述（模仿）完成的。

我们看到一段自己喜欢的文字与观点，会抄录，为了信息的准确，还尽量百分之百复述，一字不多，一字不少。这似乎没增加任何东西，但是通过更多器官的投入，比单纯的看与听，多了手写，多了默念，多花了精力，重要的信息在脑子里印象更深。

有些孩子天赋更高，很早掌握了这种学习方法，比如昨天这孩子的留言：

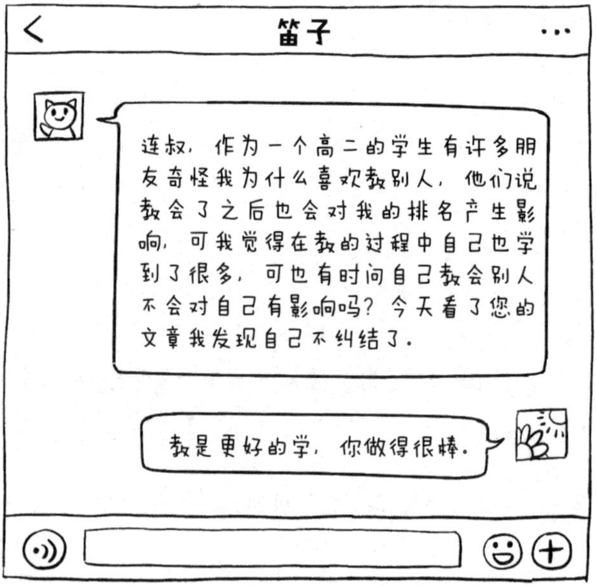

这么做的好处是：

1. 教别人的时候，自己的知识不仅不会失去，还可以更精进。

2. 可以上升到更重要的阶层。是的，任何一个群体最后都会形成等级。一个聪明的、愿意传授知识的人，一定会在上等阶层。

3. 以后在学习上更容易得到同学的帮助。

人人应该学习这种纯粹收益的做法，这才是信息社会的正确做法。

信息社会是个熟词，但它真正的意思是什么？未必有很多人明了。石器时代、农耕时代，都有信息，为什么不叫信息社会？

唯一的区别，就是信息的传播速度，原来的信息传播慢，就是人走马跑的速度，一项新发明、新技术，中国传到欧洲，可能得花几百年，甚至因为交通隔绝，永远无法传递，最后湮灭。那时有限的信息极为昂贵。

现在的新发明、新技术，传播的边际成本趋近于零。我写一篇文章，一个人看，十万人看，一百万人看，我花的成本是一样的，你也可以免费获得。你得到知识，我并不会失去知识。

我们现在已经处于这样一个伟大的时代，全球的大脑是联网的。今天，一个天才的灵光一动，明天，就变成所有人大脑里的信息。我们已经联网进化了，信息的传播速度与复述速度，每一秒都在改变这个世界。

会分享知识，会欣赏他人进步，不再是可有可无的优点，而是必须具备的技能。你不这么做，就切断了联络与交流，好比自我禁闭。你那点所得，与全球大脑的创新速度比，算什么？一粒沙子的亿分之一？

好观念，一定要传达到足够多的人，否则，当坏观念占据总数时，社会的崩溃就不可控。比如吧，有市场常识的人知道，大派福利收买民众的政策最后一定造成贫穷，收税太重一定破产，这两者往往同时出现，蜡烛两头烧。这政策只要一开动，持有坏观念的人数多到一定程度，就无法逆转了，只能等耗尽财力。

所以，人藏着好观念，最后是害自己。信息不流动，就失去信息的价值。

前几天我有篇文章被删了，但被删之前它已经被转载到了其他地方，所以很容易看到。有些读者打抱不平：没署你的名，有的还改得乱七八糟，也都活得好好的，出处反而删了。好意我心领了，但我想，这不挺好吗？文章写出来就是让人看的，就是为了传播，尽管拿去用吧。

我这么说，不是说别的写作者得像我一样，我不是标准，而是说我现在是无所谓的。他人愿意复述，就是在学习，复述后更好了，那说明水平高，恭喜他。

我愿意像留言的那孩子一样，喜欢分享，在每天的写作过程中，在与你的互动过程中，我自己是在学习，我已经得到想得到的。

信息与物质不同，给并不会消失，给会得到更多。不要怕别人得到，不要怕别人免费得到。保持给的能力，说明你一直没落后。

在大学，那些应该做的事

好，写吧。

有人要求写写大学应该做好的事，因为孩子要读大学了。

除了之前写的恋爱，还有以下这些：

1. 保持并提升健康。好身体是一切的基础。年轻的身体本来就好，可能特别容易忽略这点，到健康影响你的工作，甚至享受时，再试图恢复健康，就难了。长二十斤半年，减二十斤半生。

保持健康，是所有人做得到的事，尤其是大学生。因为校园必然有运动场，每天，至少隔天去跑个三分钟五分钟，这样的运动效果，已经明显。更何况只要你进了运动场，自然会逐渐强化到三十分钟五十分钟。

2. 干净。每天洗澡，以现在大学的水准，都具备条件。这点对男生来说，更难一点。一个人干净了，闻起来香，看起来帅，你会更爱自己，别人也会更爱你，是典型的自利利他。

3. 不要抽烟。戒烟是世界上最难的事，成功率极低。没有人是必须抽烟的，学会抽烟都是因为年轻时的好奇。它似乎还带有独立的象征，反叛的意义。可是学会了，往往终生依赖它，在损害健康的烟瘾面前，无法独立，无力反叛。

4. 学好自己不喜欢的课程。学习能力、适应能力，更多体现在完成自己不喜欢的课程上。喜欢的事不难做好，不喜欢的事做好，才见功力。不喜欢的事就不做，这在一个综合评价系统中，将导致你连喜欢的事也做不了。

5. 不要陷入大话题。大学喜欢谈论大话题的老师很多，尤其是文科老师，全世界大学都是如此。年轻孩子听了还特别开心，一堂课就学会了大话题，公平正义民主，马上变成给世界开药方的人。这种感觉，就像吸毒，一下变成了救世主，看全世界都不顺眼，横眉怒目，表情里的青春都没了，难看。

6. 赚一点钱。假期、空闲时，尝试着去赚一点钱。当然，你不可能赚多少钱，钱不好赚。知道这点，就会对大话题免疫，你知道具体的小事，要做好都不容易。

前几天，有位孩子留言，他暑期在米粉店打工，干了几天，觉得很累，想放弃，因为他想做更有意义的事。我劝他坚持，知道工作不易、赚钱很累，就是有意义的事，想做轻轻松松有意义的事，就会投入大话题的怀抱，觉得全世界欠你，而你又是穷人的代言人。

7. 量化指标。要做什么，列出来，一年后的目标，细化到今天可以做什么。即使中文很虚，也可以量化。马上开个公众号，订个目标。一年写几篇？阅读数提升到多少？最高阅读数希望到多少？

8. 掌握英语。学英语，仅仅用来考级，然后忘掉，是最可惜的事。英语其实好学，常用词不多，发音构词都有规律，语法又有逻辑可推理。比起魔鬼一样的中文，它就是天使。学会了，在当今这个英语强势（而且将继续）的信息时代，终生受益。掌握它，四年足够了。

9. 不嫉妒。不嫉妒是最佳生存策略，在一个优秀的群体里，尤其如此。知道这点，不嫉妒是可以学习的。比你优秀的同学，他们并没有伤害你，相反，因为是你的同学，又有四年的青春记忆，他们的优秀拓展了你的人生可能。和他们的联络与交流，他们的优秀就是你的，这像大脑神经元的联络一样，你们最后成为整体。如果你因为嫉妒而攻击他们，你最终就是个孤立者，你的生存状况将持续恶化。

10. 大学并不是人生最美的时光。最美好的时光永远是当下，这是你人生滚雪球的必然，当下是你所有过去的总和。大学建立的品格与能力雪球，只留在大学是没有意义的，它要在大学之后的人生迅速滚大，每一天都变大，那才是读大学的意义。一个人的衰老、停滞与死亡，体现为他不停地怀念过去，以为过去才是美好的。

这四年，用美好的、简单的，又有些辛苦的小事填满，不停重复。

不停重复，是生命的核心，是进化的核心。小小的优势，可以重复成巨大的领先，可以重复出更高级的物种。

把握这四年时光，你可以成为更高级的物种。浪费这四年时光，也能混完一生。前一条路难一些，但有意思得多。

不要对自己说：我好辛苦

昨天有则有趣的留言：

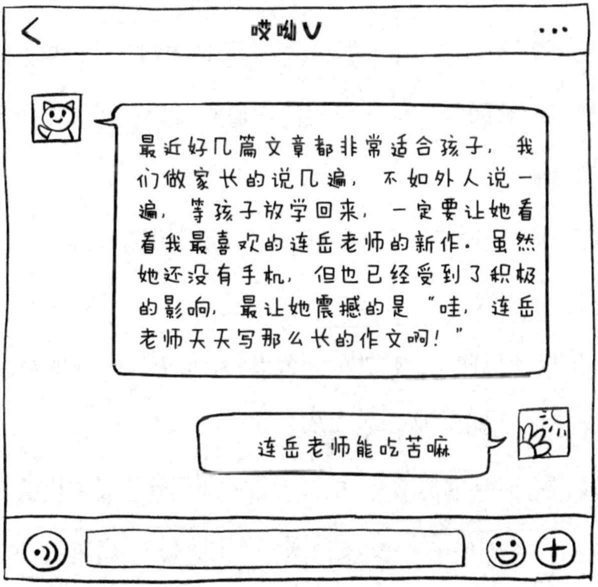

对孩子来说，可能作文是最头痛的功课，经常磨蹭一小时，挤

出几行字，以为天天写作文是不可能的事。

很多人一辈子也没过作文关，一写文章，就像回到小时候，脑子一片空白。

甚至有些以写作为业的人也是如此，他们也找到许多理由偷懒。最典型的说法就是，我没找到灵感。听起来又酷又充分。

在刚刚进入媒体业时，我也受这种论调影响，要有“灵感”才写。

后来，我的文字偶像之一卡尔维诺替我理顺了这点。

他认为，写作的人，应该把自己当成工匠，像面包师，像鞋匠。工匠每天得工作，一个面包师，你不能对顾客说，我今天没有灵感，所以没有面包。这样的面包师是要饿死的。写作的人也一样，每天得写。

每天写作是鲜花，灵感是蝴蝶。蝴蝶令鲜花更美，但没有鲜花，并不会有蝴蝶。

从此我就想通了，不要有什么借口，每天写吧。既然喜欢这行，以这行养家糊口，那就不要抱怨。

当然，写作这事很辛苦，即使在媒体业，很多人有机会不写也就不写了。我没偷这个懒，也得感谢“工匠说”，如果这个苦是行业核心，那这个苦就一定得吃。

正如前不久我回答一位朋友时说的：

这二十来年，媒体形态已经翻天覆地，但其核心没变。到了移动互联的自媒体时代，照样是如此。只不过要求从业者更自律、更辛苦而已。你无法适应更高节奏，无法定时定量地输出，那就不是“媒体”，不职业，你不是每天提供食品的职业面包师，只是偶尔在家烘焙消遣的业余爱好者。

我写稿时，连太经过我身边，会习惯性摸摸我的头说，好辛苦。

后来我专门和她谈了谈，说，以后你要对我写稿视若无睹，它是我的日常，谁认真做事都很辛苦的，你也很辛苦。我不想听到“好辛苦”，我也不会在内心对自己这么说，它引发自怜，令人脆弱，并不是健康的心态。

其实，在某一行业，尤其是自己喜欢的行业，如果还有苦可吃，是要恭喜自己的，那说明你还没有被淘汰。出局的人马上可以躺倒休息，继续比赛的人才要奔跑。

也对现在害怕写作文的小朋友说一句，开始总是这样的，觉得写文章很苦，不要急，把你想到的、看到的，尽量详细描述下来就是很好的起步，写得多了，文章自然开始生动。

十年二十年之后，你说不定会爱上写作，能写一手漂亮的文章，精确阐述自己的想法。当然了，那时写作还是很苦的，不过，你已经不怕了，苦已是你能对付的日常动力，是证明你有价值的衡量标准。

致大孩子

大孩子们刚完成高考，前几天答应过写写暑期建议，以下即是：

因为你体内的生物钟快，年轻时总是觉得时间过得慢，这让你有错觉，时间无穷无尽，青春无比漫长。你中年后才会发现，一眨眼，二十多年就过去了。中年后努力逆袭的例子是有，但概率太低了，等到那个时候再发力是比较凄凉的。要珍惜时光，就从这个暑假开始吧。你不开始，你优秀的同龄人也已经开始了，竞争的开始，是由竞争者说了算的。

人生不是由大话决定的，人生是由可重复的好习惯决定的。好习惯比坏习惯多，好习惯重复得比坏习惯多，每天都有一点点收益，就有好的人生。

其实，你在高中已经有许多好的习惯，你不会浪费时间，每天每周每月，都有各种测试和监督，提醒你是否达成目标。只不过，这是他律。学生、军人与囚犯，都依靠他律，他律一消失，效率也就消失，至少大幅下滑。你现在要完成从他律向自律的关键转换。在这个暑假，你会发现，你要努力，很多人都会劝你多玩一会，以为人生从此轻松了。并不是的，只是人生从此由你自己负责了。

自律最好每天有目标，否则，就会被你的生物钟带走，会被各种随机事件带歪。

每天的目标或许没有完美达成，或许自律会受损。这都不必沮丧，也不要产生“这么难，索性拉倒”的放弃情绪。这就是自律的本来面目，它要耗尽你的专注，专注是反人性的，是累的。弘一法师六十岁时，曾有个检讨，说，唉，我近来这里会友，那里宴请，变成了一个“应酬的和尚”，要专心了，也不要怕得罪朋友，该拒绝的要拒绝。弘一法师自律是过关的，你看，他也面临一样的处境。今天没过好，提醒自己明天过得好一点就是了。

你可拿出纸笔，写下你四年后，大学毕业时，想达成的目标。这计划将来可能要调整，但有个长期的思维，你就不容易偏离方向，大目标必然要分解成每天的小任务，它不会太累，完成了又有激励奖赏的作用，你就开始重复好习惯了。

这个暑期，我还建议你做几件具体的事：

读一本厚书。从头到尾读完，中间不要被别的书牵走。其中必然经历枯燥乏味的、无法忍耐的阶段，你要花心思才能跟上作者的思路。即使有些逻辑关系你也一头雾水，但要读完。你要有深阅读的能力，这是多数人缺乏的，许多号称喜欢阅读的人，只会浅阅读，满足于随便翻翻，瞅下摘要，看几页就塞进书橱，然后吹牛。字一多，书一厚，他就投降。深阅读能力是核心能力，越早建立越好。

开始跑步。经过了缺乏锻炼的高三，你的身材已经不好了。跑步既练身材，也练精神，是非常好的运动。你从零开始，两个月进阶到一口气跑完三千米，是做得到的。大学报到时，你那双汗湿过的、明显使用过的跑鞋，比一双新鞋，更酷。

独自去旅行一次。并不一定要去著名景点，去你没去过的周边的、不知名的城市也可以；没下过乡，就去乡下待几天。自己做计划，自己看风景，自己和陌生人聊聊天，你之前的人生，基本是扎堆的，体验一下独处的滋味。人生需要大量的独处，它是一种能力，没什么创造性劳动离得开独处能力。

去赚一点钱。做做临时工，如果你有一点资本，也试着做做小生意，把自己当成无经济来源的、必须自己赚饭吃的人对待。无论能否赚到钱，你都会对自己的资助人（你的父母）的处境更了解，你也会对真实的经济运行有了解。

人生真正的竞争才开始，加油吧。

祝开心。

致中孩子

连叔:

这是我第二次写信给您，上次久久不见回复，后来想了想，您那么忙，我又是您无数粉丝当中的一个，怎会碰巧就是我呢，我这样安慰自己。嘿嘿，还有十二天就要中考了，我期待了很久，可又不想让它来得那么早。现在它近在眼前，想到我就要经历人生第一次小的转折，又兴奋，又悲伤——兴奋的是以后可以上高中了，悲伤的是，自己没好好努力，无法到达一个更好的层次。

我报了一个不怎么起眼的私立高中。对于我来说，家庭条件不是很好，现在其实有点后悔，觉得给家里增加了负担。马上就要上战场了，按说应该平静，可我老是静不下来，因为不停有人在我耳边说“你为什么报××学校啊？不好”，怎样怎样。其实刚开始我不以为意，后来不知怎的，竟有些后悔。可我老师告诉过我，后悔是做白日梦的表现。我又想，自己选择的路，跪着也要走完。今天一位老师告诉我说，就算你再努力学习，三年以后估计也是个二本。听到这话其实我想去反驳，可他是老师，我不能跟他争吵，只好听着，想：你可以预料我的未来吗？一切皆有可能啊，为什么我还没开始努力，你就给我下了一个定义。我很不理解，可能自己没有让别人看到优秀的一面，归根结底，仍然是自己的原因。

连叔，不要嫌我啰唆，我想与您分享我的收获，我想平静下来，用这十二天的时间，可以为家里省点钱。晚安，连叔，再见。

中考生

* * *

中考生：

今天回你邮件，距你中考只有九天了，抱歉迟了几天。

对中考这件事来说，十二天也罢，九天也罢，对结局的影响并不是很大了。水准主要由这之前的三年时间的学习决定。

初中之所以需要读三年，那就是因为，对大多数孩子来说，那些知识需要三年时间才能掌握。如果十二天能掌握，那么初中就只需要十二天。这就是尊重时间的意义所在，我们欺骗不了时间。

我们偷懒，我们心存侥幸，我们希望走一次大运，然后命运改变。这都是想欺骗时间的体现。只有不偷懒，老老实实把该用的功都用足，才不会怕大大小小的考试。中考高考这些考试还好，有人出卷子，好坏你知道。之后的人生考试是没有卷子的，也不通知你考试时间，你被淘汰，你自己甚至都没感觉。过一两年落后了，你才会知道。

很多人的人生由两种心态组成：一、时间还有好多，玩吧；二、糟糕，时间不多了，有什么秘诀迅速成功吗？当然，再迫切都不会有秘诀，就像没有彩票中奖规律一样。于是，他就泄气了，彻底放弃：你看，我很努力在寻找秘诀，可是没人告诉我，世界太冷漠了，都没人关心我。在他人生的每个关键节点，中考、高考、工作、恋爱、婚姻、教育孩子，同样的剧情都一再重演，这就是人生的悲剧。

你可能成绩一般，在中考时就收到这种警告。这某种程度是件好事，因为你知道高中该怎么过了。它像初中一样长，知识需要三年的艰苦训练得到，然后通过高考检验。

上了一个不起眼的高中，是不是人生就没机会了？再努力也只能上个二本？

好的高中确实重要，好的老师，好的同学，好的氛围，好的传统，你一考进去，就有强烈的成功暗示。这一切，都有利于你的成功。任何一个好的环境，都有这样的作用。正因为如此，我们一生都在追求更好的环境：好的大学，好的公司，好的城市。

只能上一般高中，上述好资源就没了。你的老师看淡你，就是从概率出发的。人生残酷的一面你也开始知道了：如果你阶层低（学生是以成绩分阶层的），那么，你的自尊就经常要受伤。多数人不会刻意去伤害人，但有时候你实力弱，就会觉得全世界都在刻意嘲笑你。

我不会像这位老师那么悲观。三年后你是有机会的。

在一般中学，你用的是同一套高中教材，知识的逻辑与要点，是一样的。老师即使不是那么出色，解读传授这些要点的能力也足够。

更有利的一点是，在知识共享、万物互联的今天，好学校的同学上什么课，刷什么题，你都可以得到，可以按照他们的强度要求自己。

不利的是，周围悲观丧气的人多，你的自尊也常受到打击。一般高中生的心理韧性，经受不了长期的这种折磨，最后索性放弃了。

所以，你要成为一个不一般的高中生，首先要做到的，就是抗击打能力强一些，不仅不要在乎别人无意的伤害，甚至连别人有意的嘲讽都要挺住。比那些上好高中的同学付出更多，更顽强，才有可能逆袭。

起点低，没有足够资源可用，这并不是特别可怕，或者说，人生经常要面临这种处境，总会发现在某次重要的竞争中，你有弱点要补强。这是所有孩子以后要面对的，读了再好的大学也逃避不了。人生竞争，不是满手牌是炸弹才会赢，而是有能力处理好手里的弱牌。这一课，每人都要学的，你上了好高中的同学也要学，只是你这一课，来得比别人早，既然这样，就早点学好吧。

接下来的三年，加油，等你的好消息。

祝开心。

连岳

英语应必修

有人大代表建议高考取消英语，并将英语由必修改为选修。理由是："如果按照每天八个小时的学习时间来计算，在一个孩子最美好的十年时光里，竟然将近五分之一（18.13%）的时间都花在了英语学习上。"

英语教育是很多人的噩梦，学到大学毕业，最后一篇英文新闻都读不懂。不仅感觉浪费时间，还很沮丧。很多人日后的工作，确实也不需要英语。

两个因素叠加，弱化，甚至取消英语教育的声音会得到很多认同，最后实施也有可能。

尤其是，在一些人心里，语言也像争霸一样，中国变富了，地位提升，话语权变强，为什么要学英语？老外为什么不学中文？

在我看来，英语应该必修，地位不能下降。学英语，可能是收益最大的一门课程，花五分之一的时间学习，很值得。

我读书时英语极差。到了三十多岁，英语成为令我极度焦虑的心病，作为传媒业者，等着别人翻译各类资讯，那才是非常没有安全感的事：翻译会失真，翻译有删节，翻译也错过时效。

不得不重学英语。多年以后，流畅阅读英文的目的终于达到，自己喜欢的作者，可通读他们的英文原作。那时，焦虑才消散，也觉得，英文学习其实不难。

很多人都有英文焦虑，经常发誓要学习英语。这是英文的重要地位决定的，它是当今世界最重要的语言，新发现、新观点、新资讯，主要是以英文呈现，不是太懒惰、太闭塞的人，总会在生活中发现不懂英文的不方便。

我这样的70后，记忆中的学校英文教育，低效、乏味、琐碎，考试纠缠于语法枝节，老师本身也半桶水，算是哑巴英语半文盲，教出来的学生自然一头雾水。

但这不是英语的错，是教育方法的错。现在精通英语的人才很多，再借助高速的移动互联，英语教育能够准确、高效、有趣、实用。有些孩子高中毕业，就能查阅英文资料了，90后、00后自如使用英语的比例也在提升。这令人欣喜，说明英文教育在进步。

如果教育市场化，我估计英文教育的权重还会加大，在孩子学习语言的黄金时期，就能自然地切入英文——至少我办学校，一定会这么做。

公立教育的课程设置决定潮流，也和高考紧密相关。一旦英语教育弱化或取消，最重要的这门课程，孩子就失去了学习的可能。毕竟，意识到英文重要，又有能力自己教育孩子的家长，少之又少；多数家长有心无力。不谨慎的话，一代人的英文能力将大幅下降，这不是一个开放国家应有的景象。

热爱学习外语，这恰恰是生机勃勃的景象，也是高速发展的必然，中国人学了外语干吗？跟别人做生意，学习别人先进的理念，最后还是丰富中文世界的财富与知识。

我们在教育中，花了更多时间学数学，毕业十年后，拿道高中题目，有几个人还会做？显然不能因为这点弱化或取消数学教育。

教育最重要的是学到方法，在这过程中思维得以训练。

正如外语学习大师皮姆斯勒博士所说：学习外语能使人的生活更丰富，不仅体现在学成以后，更在学习过程中。学习外语可激励一个人，使他更有目的地行动，学外语是缓慢的但有趣的远足。

我同意他的所有观点，还想补充的是，学外语也能训练一个人延缓满足的能力，毕竟，从开始学，到有所成，隔着几年时间。延缓满足能力，有利于你做任何事，是成功人士的标配。

一有小钱，就觉得自己什么都牛逼，做生意像施舍别人，学外语是屈居下风，少数人有这心态难免；但如果通过立法层面传导到教育体系，那是自我束缚，自甘堕落。

学外语就是训练大脑，什么时候都不迟，正如锻炼身体。

学英语

高中母校建校一百周年，给校友定期寄《校庆特刊》，上面有很多诗词曲赋，捐款快讯。有一次，看到一位九十多岁的老校友写的一封短信，只有百来个字，却说了一个很重要的事情。他建议要学好英文。

我们在某个时期，语言也分敌我阵营，全民学的是俄语。他当驻外参赞时，在一次聚会中，有个外交官非常不理解地问他这件事，说：世界上百分之九十的最新科技资讯都是用英文写的，你们为什么不学英文呢？他由此深受触动。

他信件的结尾说了一句有趣的话：如果不想当慢腾腾的乌龟，就要把英文学好。这封信很有价值，可能会影响那所县城中学的很多孩子，比捐钱重要多了。

我在那儿读高中时，痛恨英文。首先，当然是心里藐视它，觉得中文这种语言好极了，天下第一；还有就是碰上了一个非常讨厌的英文老师，我觉得他作风夸张，耸肩摊手，连叹气都要学美国人的两截法：哼——横——？当时是个傻孩子，不知道珍惜自己，也更谈不上尊重别人的癖好，就在课堂上和他作对，被赶出了教室。英文当然就彻底完了蛋。

结果一晃到了三十来岁时，才发现，不得不重新去过英文关。之后的十多年，在这门语言上至少花了一万个小时。我不要考职称，也不必过四六级了。只是害怕匮乏。我们真的是身处于一个信息时代了，只要你的能力足够，别人很难全面封锁声音，一定能知道、验证你希望得到的消息。这个能力的核心就是英文关得过掉，英文是资讯最新、速度最快、使用面最宽的语言。当然，语言这种东西确实太难了，是个苦力活；不过，花多少心力，总得过掉它；因为饿死在面包店旁边的感觉会坏得多。

做梦都想一瞬之间掌握了数门语言，这是许多人心中的梦想，仿佛这个场景：“五旬节到了，门徒都聚集在一处。忽然，从天上有响声下来，好像一阵大风吹过，充满了他们所坐的屋子；又有舌头如火焰显现出来，分开落在他们各人头上。他们就都被圣灵充满，按着圣灵所赐的口才说起别国的话来。”（《新约·使徒行传》）这样学外语倒是蛮轻松的。只不过，我们不是使徒，也不以为这种事情会真实地发生。我们恐怕只是为了听得更多、看得更多，这样，才更不容易上当。

一个英文老师不好，英文考试制度不合理，都有可能激怒我们，结果是我们放弃了一种最有力的知识工具。英文老师和考试制度都活得好好的，受害最深的却是我们自己，我们发泄了愤怒，却帮助他人捆绑了自己，这其实是不智之举。

朋友圈退化的重要原因

连叔:

现在离高考还有五十多天，而我却被自己的嫉妒心给扰乱了，其实这个嫉妒心在很久之前就有了。我一点都不喜欢，这让我感觉自己很阴暗，很不舒服。我可以在这找到解决方法吗?

我想解释一下这种感觉。在上高三之前，我的化学单科每次都会考得很好，而且选择题是我的强项。但是，自从上了高三，我的化学就没有考过高分，而且七个选择题，我经常会错两三个，总体分数也很一般，我每次考试在化学上都会用很多时间，但是，成绩不尽如人意。每到考试结果出来，看到比我高点的分数，即使我知道他成绩不真实，我心里还是会在意，导致学习不专心。浪费一段又一段时间。我很不喜欢这种感觉，可是，我解决不了。

其实，只要是我喜欢的学科，每当考的不是自己想要的分数，同时，一些假成绩排在我前面时，我都会有这种不舒服的感觉。

我不想再这样，还有五十多天，我不想让自己不开心下去，我想舒心地学习，而不是情绪波澜起伏地学习。

连叔，可以帮我吗？

C

* * *

C：

嫉妒普遍存在，它可能发生在每个人身上，你需要了解它。否则，你有可能被它吞噬。

嫉妒，就是对他人的得到（成就、财富、地位）或幸运感到愤怒、不满或悲伤。

嫉妒分成两类，一是抑制自己，光芒四射的朋友和他人，好像把你眼睛晃瞎了，你摸不到方向，对自己很失望，要死要活。这种嫉妒，多数人犯了并不自觉，只是心情低落。

攻击型的嫉妒更为可怕。它往往还发生在一些聪明人身上，我嫉妒他，我就想办法摧毁他。人无完人，总是找得到弱点攻击的，这使嫉妒怒火有了合理的出口。

有些人花费大量的精力攻击他人，自己并无所得，得不了名也得不了利，看起来不可理喻，实际上就是嫉妒的驱使。

遗憾的是，这种攻击往往摧毁不了他人，你嫉妒的人，他已经领先你，用嫉妒浪费你自己时间时，他领先更多了。这又让你更嫉妒。

极端一点说，如果你的朋友全是比你牛的人，你是受益的。他们的能量、视野和机会，你都可以借用。嫉妒者，往往享受不了朋友的成长力量。

因为朋友的成长，令他嫉妒，他随即开启攻击（抹黑）模式，直到被攻击对象疏远，拉黑。

于是他的朋友圈永远只有不如他的人。

悲剧还没完。不如他的人，也许只是暂时弱小，心理却健康，他们未必能够长久忍受一个攻击型嫉妒者的病态。

最后他身边只剩下同类——弱小的攻击型嫉妒者。他的朋友圈就是这样退化的。

你以后不要变成这样的人。一生痛苦，祸及子孙。

别担心，你可以控制嫉妒的。

1. 它是动力之一。你想向上攀爬，才会嫉妒，班上永远的最后一名，怎么会嫉妒？

2. 你嫉妒的对象，就是你想成为的人，多研究他的优点，你能追得快一点，距离缩小，嫉妒也会消失。

3. 盯着他人缺点，是嫉妒的燃料。“比我好的成绩，是假的！”这让你的嫉妒有了正义的伪装，更难戒除。

4. 别盯着眼前，想想更大的时空。想想宇宙，人就不会自大。想想高考是和全国考生争，嫉妒本班同学就没什么意思了，差那么几分，不重要，说不定都上了北大清华。

5. 赶快做几道难题。让自己忙一点。陷于嫉妒的人，往往太闲。

6. 你早早体会到嫉妒的杀伤力，而且承认这是嫉妒，这是很宝贵的自我认知。将来类似情境再现，你有警惕心，更容易控制自己。

祝高考顺利。祝开心。

连岳

工作难找，工作也好找

连叔：

您好！

我是一名1998年出生的专科大一学生，在北京就读。我家庭经济情况不好，上高中时父母一直在外地工作，而我寄宿在亲戚家。

来到北京时，起初我想好好读一读“闲书”，增长见识和内涵。但后来由于越来越意识到母亲的不易，我现在已经不再有好好读书的想法。我知道这不是一个好的想法，我早已意识到读一些所谓的“闲书”，其实对自己人生是有巨大帮助的。但即使如此，我也想在学校期间学习一些可以在社会上立足的技能，使自己在不久毕业后，能够找到一份像样的工作。

我有过写公众号的想法，也试着写了几篇，这个事情我还会继续下去。但我觉得凭我现在的境界，是没办法依靠写公众号养活自己的，即使是一两年后，我也没有太大的信心。所以又想学一门技术，想要在两年后，凭借这个技能找到一份养活自己的工作。

每年都有七百万以上大学生毕业，我自己的起点又低，我知道让连叔给出一些学什么技能的建议有些难，但我还是想听听连叔的见解与点拨。

马拉松

* * *

马拉松：

你比同龄人强的是，二十岁，已经在想怎么养活自己。更真实地体验到危机，才有利于找工作。今年报考研究生的人数创下新高，有分析认为这是因为本科生就业形势不好，很多孩子策略性地在校园多待几年，期待几年后就业形势更好，自己文凭又更高，到时能得到一份好工作。这种把危机隐藏起来的做法，其实是错的。

可能三年后，危机更大了。你以为自己更值钱，对工作更挑剔；而在雇主看来，你本事可能还不如本科生，只不过心气更高，更难管理。再加上，你年纪也大了——这个不是开玩笑，你一晃奔三十去了。尤其是女生，雇主一想，我一招你，你可能就结婚生孩子，生完一个生两个，我只得半个劳动力，内心一犹豫，索性不要。大家又一窝蜂去考公务员，考不上的，又自卑又自傲，高不成低不就，面子看得越来越重，可能真要终生失业。考上的，又老把自己的收入和自由市场上高收入的同龄人比，觉得自己被亏待，心态也难放平。

工作难找，一步难就步步难，越来越难。一次次被拒绝、被嫌弃，你很难不自我怀疑，甚至自我放弃，陷入忧郁。结果让自己更没有竞争力。

但工作其实也好找。工作是什么？是你能出售自己的服务与商品，盈余越多，工作越好。就像你做的，写公众号也是工作，你开了一个公众号，就是找到了工作，只不过工资为零，需要慢慢努力增加收入。从你目前的思维水平来看，这条路可能很难走。毕竟，读者看到你写的这句话“越来越意识到母亲的不易，我现在已经不再有好好读书的想法”，他们怎么可能给你赞赏？你要么表述能力不足，要么逻辑思维不足，这个缺点体现在你整封邮件里。

也不要沮丧。你的同龄人，很多有同样的毛病，写不清楚一段话。这说明，你训练自己把话说清楚，逻辑性强一些，找工作就有优势。写公众号，先不想着赚钱，把它当成训练自己的工具，就容易坚持了。如果连训练自己都坚持不了，那找不到工作也不意外。

连叔公司也招人，对我已经了解其才能的人，是没有任何门槛的。人的学习路径不同，大多数人不是通过大学学习，而是在实践中，在市场上学习，这也是真学习。不要指望你躲在学校里，能练出多大本事。从我招人的经验来看，很多名校毕业生，找工作也会犯低级的错误。我招人有个硬条件，要求是我的读者，这样大家三观合，工作也顺畅。可是有人来面试，连岳两个字怎么写都不知道；有人急迫地想得到工作，可自始至终，就是不关注我的公众号。这种缺乏基本沟通技能与礼貌的人，你说，怎么会有工作呢？而这些技能，不必等大学教你，大学也不教你这些。

所以，稍稍有心一点，你能赢很多人。不要害怕自己是专科，读专科已经赢了绝大多数中国人。既然在用妈妈的学费，那就把课读好，把自己收拾清楚，守时、有礼貌、对得起别人付的钱，不愁没有工作。就是起点低，你也会有人赏识，能够迅速获得更好的工作机会。

祝开心。

连岳

对社会浪说几句

我成为社会人了，有什么想对我说的？昨天有朋友这样问。今天展开说一下。

开始工作，有自己的收入，这是人生重要的时刻。这意味着你真正有贡献，对自己和世界负起了责任。

在宣传片里，后浪统治一切。作为鼓励，这没有问题。某种程度上，也是事实，年轻人的优势就是年轻，他们剩下的时间更多，谁活到最后，世界就是谁的，这是显见的事实。但是，时间可能挥霍掉，也有可能0价值。如果你无作为，无工作，再多时间都等于0，世界怎么可能是你的。

后浪只要一进入现实社会，成为社会浪，就会发现，到处都是强大的前浪，从收入到地位，要获得尊重，得到提升，并没有那么容易。

但也不会很难，有些注意事项是小朋友级别的，却奇迹般地从幼儿园开始，一生有用。

一、把自己形象搞清楚，早起洗个澡（感谢社会进步，现在基本有条件做到这事），换上干净的衣服。身体是自己的圣殿，肮脏油腻，别人不信你里面有神。保持清洁是最大的软实力，就像你到一个小乡村，房子都简朴，没什么设计，但如果家家户户清爽干净，就格外有魅力。年轻人不可能一身名牌，也没那个必要，只要清爽干净，就能让人眼前一亮。

二、不要迟到。早出门五分钟，一天都领先。能做到不迟到，规矩全守得住。纪律不是约束，它是帮手。正因为有纪律这外在的限制，可以不走神，更专注，最后达到随心所欲不逾矩的大神状态。

三、少说多做。年轻人有一肚子改造世界的愿景，但想与做是完全不同的概念，至少有十万人同时和马云一起想做电子商务，只有马云做成了。世界只会尊重做事的人，嘴炮令人心烦。在做的过程中，人会慢慢务实，也能学会尊重那些把事情做好的人，你知道，无论多小的事，做好都难。

四、眼里有活。这是做的主动性。你要与人合作，你做的事有前后顺承的逻辑。细心一点，照顾他人感受，活就可以上一个层次。比如问前辈一个问题，你把事情交代清楚，整合成一段话，就比你连发十多条片断微信好得多。

五、耐烦，不要怕做简单的事。天天做同样的事，好烦。这样想的人很多，他们错了。天天能做同样的事，这是好运。你能越做越轻松，越做越专业，举一反三，在更高的层次上再次重复。重复重复再重复，生物是这样进化的，世界是这样进步的。再大的事业，核心都是简单的。你每天要花样翻新才能活下去，一个月就得饿死。

六、不要抱怨。抱怨工资低，抱怨房价高，抱怨父母，抱怨社会，这种抱怨症像瘟疫一样可怕，一旦染上，可能终生受害。你当然能找到抱怨的点，但要记住，没人会给你的抱怨付报酬，越厉害的喷子往往越不入流。不要期待别人给你高薪高职才开始负责与精进，这是搞反了因果，是因为你负责与精进，才有了高薪高职。

大道至简，没什么复杂的，一天天修行就是了。人生很长，中国也在往上行，开始你的这段美好旅程。

好工作的得到方式：三分自律，三分耐心，四分改良

连叔：

谢谢您这几年的陪伴。初中和高中的我喜欢隔天丧，经常抑郁，后来遇到了您，我慢慢乐观起来。

今年我未参加高考出来工作，这期间做过餐饮业，跑过快递和美团，不过很快放弃了后者。后来发现面对种种工作都适应不了，现在对工作有点逃避心理，无法融入新的工作环境。

目前的一切不是我想要的，我也看不到我想要的，同时也不知道自己想要的。接下来我想逃离，身上还有几千块，能走多远是多远，甚至我想若有一天我意外死亡了说不定也挺好的。现在这阶段对于我来说，二十岁和八十岁好像只是数字而已，我看不到一点我想要的，眼前看到的只是一片迷雾，但又不得不去面对，可我一下子真的累了，心态上起不来了，不会再说：我们再干一把这样的话。

身边亲人说我眼高手低，时常强调我要去找餐饮业的工作，可我并不喜欢餐饮业的工作。

今年我试工过好多餐饮业的工作，最后无法融入，也做过美团外卖，上班第一天送了三单超时了两单，第二天上班实在顶不住，放弃了。

我说我想做发型师助理，家里人不看好，我说我想做健身教练，家里人不看好，好像家里人认为只有餐饮业是可以的。

他们要求我二十岁时要开始好好存钱，然后好好规划自己的人生，买房子，存钱等。我也想这样，但我目前的心态没调整好，而家里人又紧逼，我压力更大，但又绝对不想去行动，成为行动上的废物。我想我做一份工作起码不能讨厌，不然也不可能做好，餐饮业因我个人原因发生了心理抗拒。

我并不是贬低餐饮业，因为我的第一份工作就是奶茶店店员，在自己人的店里上班。上班十个小时，月休息三天，疫情期间太忙而时常需要休息日也赶过去加班，上晚班、加班到凌晨一两点很正常。我并不是觉得辛苦，而是不理解管理者的情绪化，所以放弃了那份工作，但出来找新工作又发现融入不了，对餐饮业心里是抵抗的。

现在这段时间看不到自己的出路，因为我绝对不想去餐饮业，内心和精神崩溃了。但我又没有时间慢慢考虑和打算，时常消极和悲观，只能逃避现实，我害怕麻烦别人，所以我会逃离。

小河

* * *

小河：

不喜欢餐饮业很正常。我也不理解你的家人为何只认餐饮业，或许与他们是干这一行的有关？可以理解他们的职业自豪感，但也不能自豪到自大，世上的好职业很多，应该允许你的选择面大一些。

我们的理想职业列表上，有不少重合的。我也认为发型师和健身教练很好。

发型师这职业（你可能也是想从助理晋升为发型师），只要练出一双好手，置备一套工具，不愁客户。只要有头，就有市场，很多客户是认发型师的，一跟一辈子——即使他的头发越来越少。不过，我想我没这个天赋，当不了好发型师，把人发型剪坏，可能是世界上会引发最强抗议的事吧。

健身教练，给我三年时间，我倒是可以胜任。每次去健身房，我就很羡慕健身教练，我来玩这几块铁，每年要交不少钱，教练们每天来玩还有工资，下班前洗个澡香香地回家，回家路上好身材又引来许多佩服的目光。当然，这想象可能有些美化，不过，这肯定是个健康的职业，钱多少另说，至少收获了健美的身体和自律的品格。自律我倒是现成有，之所以要三年时间，是我觉得需要那么长时间才练得出健身教练应有的肌肉线条。你现在可以开始练起来，肌肉在家徒手也可以练，按健身教练的标准要求自己，一块块肌肉打造出来。

碰到一个感兴趣的职业时，我会琢磨它，如果我来做，有什么可以改进的。以前在学车时，我发现驾校教练普遍存在沟通简陋粗暴的问题，就想，这职业不错，我能做得非常好。教练的核心技术不在于那些基本动作（是个老司机都会），反而是对新学者的同理心，以及将技术要点平白、准确输出的能力，要掌握让人在放松、自信的氛围内学习技能的沟通方法，这才是此行的第一竞争力。

而各类快递员的需求，我觉得是中国在移动互联网时代领先后得到的巨大红利，为社会创造了海量的无门槛就业机会。同时，工作也健康，主要是走路。当然，要避免危险驾驶，违反交规之类的危险。我觉得最适合从事这职业的一类人可能还没发现它的价值，那就是退休人员，每天送几单，刷了步数，又可顺便赚点钱。

不过，我可能还是要一生以写作为主，只是这些理想中的职业和我的写作都有高度的共性，在自律基础上的自主，精进后的手艺也留在自己身上。富贵在天，能否大富大贵，那不是个人能够完全控制的，没什么职业能做这担保——敢担保的都是骗子。但是，三分自律，三分耐心，再加四分改良，一生衣食无忧，自在喜悦，完全做得到。所谓的改良，就是你喜欢的职业，把喜欢的要素变大变强，从而更喜欢；讨厌的职业，把你讨厌的要素变小变无，从而不讨厌，甚至开始喜欢。这样，我们就处于不败之地，无论是碰上喜欢还是讨厌的境况，我们总是有所得，能够积累知识与智慧，这像你善于存钱一样，十年后，你就能享受到复利的威力。

二十岁，宝藏一般的世界正向你打开，宝藏显现的方式不同，有用你喜欢的方式，有用你讨厌的方式，有的像花，有的像刺，有的是泪，有的是笑，拥抱它，享受它。

祝开心。

连岳

3

未来在雾中

未来是风险还是机会，

取决于你当下怎么做。

我是懂事的大学生，连叔借我六万还网贷

连叔：

您好！

关注您的公众号之后每天都会读您的文章，对很多读者来信都有共鸣，您的回复也给我的问题提供了解答的思路。在这里想写写我自己的故事。

去年冬天我参加了研究生考试，目标院校是中国人民大学，这是我从小到大的梦想，目前已放假在家准备复试。

但是人生却因为我的虚荣心又陷入了绝境。虽然我家不是富裕家庭，但是从小到大父母并未在吃穿用度上让我受委屈，然而从大一开始我接触网贷，三年多过去了，加上一些以贷养贷，债务积累已达六万元之多。

其中具有转折意义的一笔债务是我转专业之后需要补交的

补修课程学费，大概六千元，我没有选择向爸妈要，而是自己借贷，结果雪球越滚越大。我深知这一切的错误都是我的虚荣心造成的。现在我已经大四了，经历了复读之后已比高中的同学们晚了两年，如果有幸可以考上人大的研究生就继续读书，读研期间做兼职赚钱还钱，如果未能考上就选择就业，靠自己的努力继续还钱。

去年冬天疫情开始，极大影响了家里的生意，再加上前年家里的黑陶厂更换了地址，爸妈身上的担子更重了，他们需要赡养爷爷奶奶姥姥三位年逾七十的老人，还要抚养我和妹妹两个学生，我实在无法向他们求助。

最近疫情又有抬头之势，无法进行实习，只能在家里写论文和准备复试。

我知道现在有很多年轻人都有这样的困扰，我只是迷失其中的一个普通人。作为一个成年人要为自己的行为负责任，可是目前的我实在无法完全把钱还上。

您一定会觉得我很莫名其妙很不可理喻，现在的我像是一个溺水的人，拼命想要抓住身边的救命稻草，但是我的同学也都是学生且刚步入社会，无法给我提供帮助，父母已年迈且已养育了我二十多年，我不能再给他们添乱，所以我非常无耻地向您求助。

我在大学期间通过了英语四六级、计算机二级、BEC高级的考试，拿过奖学金，社会实践和科研立项拿了很多奖项，有做过个人公众号。不知道以上说的这些能否为您做一些事情，我会在大学毕业一年内把钱还给您。

2020年不管是社会大环境还是我个人的境遇都挺难的，但我是一个有韧性不怕苦不怕累的人，我不想向命运低头，我知道有很多人因为网贷走上了一条不归路，但是我还想走出来，我还年轻，我还想做一个对身边的人、对社会有用的人。我知道这个世界上比我苦比我难的人还有很多。

再次向您问好，祝您2021年健康平安，诸事顺遂！

真诚地盼望您的回复。

谢谢您！

下面是我的学信网截图，为我以上的话做证明，绝无半点虚假。

S

* * *

S：

你的意思我听明白了，让我先给你六万块还掉网贷，你大学毕业后一年内还我。作为补偿，你可以为我公司做一点事。

让我从几个角度来分析一下这个方案的可行性。

先从我对公司员工的角度看。

我的公司，有专职的员工，也有兼职的。作为老板，我做好自己该做的，活比别人少一点，工资比别人高一点，尽量不加班——当然，因为公号每天更新，一点不加班也不可能，但加班量不大，加班就给足补贴。所以呢，我对员工要求也比较高，在品德与才能方面，都要入我的眼，任何一方面不行，也实在挽救不了，我会让他走人。公司的员工，到最后，都是我喜欢的人，我佩服的人，愿意与之终生共事的人，这样大家才有光明的未来。

此时，一个大学生来应聘，竞争优势是深陷网贷，待遇要求是预提六万块钱。你说，我能不能要他？要了，对其他规矩的大学生公平吗？对公司现在的员工公平吗？对连叔我公平吗？连叔的钱，也是一分一分，一天一天，半辈子努力工作，慢慢挣来的。

再从你的还款计划看。

还款计划可信、可行、没有违约风险，才能借到钱。而你的还款计划有三大变量，超出了我与你的控制。

一是几张学信网截图，我无法确定是你本人，即使是你，又能说明什么？你违约我也没办法。

二是你大学毕业能否找到工作，是个变量，找不到怎么办？

得违约。

三是就算你找到了工作，一年之内能存六万还钱吗？可能一年的工资总量都没这么多，还是得违约。

综上所述，你想用一张空头支票提现六万哗哗响的现钞。任何人收到这样的借款请求，都有被侮辱智商的郁闷感。

连叔郁闷之余，还是得给你一些建议。

你不想给父母添麻烦，这个想法是对的，负责任的人都应这么想。不仅不能麻烦父母，也不能麻烦任何人。但是，你事实上已经给父母找了麻烦，他们知道了会批评你，这让你害怕。不过，面对这个现实正是负责任的开始，自己做错了，就得接受批评，想不动声色地糊弄过去，那还是不想负责任。就像你不小心让房子着火了，你当然要叫醒父母一起逃生，虽然父母会生气，会骂你，甚至打你几下，但你愿意，也应该承受，是吧？这就是责任感。你不至于看着烈火说，且让我给连叔发封邮件，父母就让他们好好睡觉吧，不给他们添麻烦了，我真懂事。

有责任感的人不是不会做错事，而是做了错事敢承担，不贰过——同样的错误不犯第二次。

网贷，本就是玩火，以贷养贷，更是火上浇油。还好，六万对大学生来说，是大数字，但在你父母的眼里还是小火苗，他们仍能救你，也不至于把家毁掉。但一定要及时叫醒他们，告诉他们这个不幸的消息，最好你看完这篇文章后马上告诉他们。不然的话，债务滚到几十万、上百万，他们的麻烦就大了。

祝开心。

连岳

疫情与高三

疫情时期，高三学生还没回校复课，教学依靠网络。昨天有位高三老师说到，她感觉学生比老师还焦虑，让谈谈这事。

教学方式变化，学习节奏打乱，是今年所有学生面临的挑战，对高三学生影响尤其大，毕竟他们要迎接学习生涯中最重要的高考。

高三可能是许多人人生中效率最高的一年，它具备几个条件：一是艰巨而无法延迟的考核任务；二是师长严厉的监督，这是最高等级的他律；三是自律最严；四是同学努力带来的激励，这是最高等级的同侪压力。这些高三的宝贵资源，在以后的人生中，可用来迎接挑战，拿出你高三强度的一半，事都不是什么事。

可惜的是，多数人高三毕业后，把这资源像旧课本一样扔了，暴殄天物。无论你成绩好坏，都要记住自己高三全力以赴的模样，成绩不拔尖的同学，尤其要记住，因为人生定论不终结在高考，你需要用这种精神在后面一次又一次无形的考试中挺住，并且成功。

很多人为何无法保住高三资源？那是因为高三的诸条件消失了。任务变模糊了，可以无限拖拉；他律消失了；同侪压力也不大，人群的多样，身边总有懒散的人、不负责任的人、愚笨的人，让你产生“我很努力”的错觉，看不见自己其实在退步。自律，变得极其重要。很多孩子害怕上网课，迫切希望回到真实的课堂，那是他们需要一个他律的环境以免自己迷失。

怎么度过这段特殊的高三？这是我的建议：

一、接受事实。老想着回校复课，那就是不接受现实。变化是计划的平台，自己在家学习，上网课，都是变化，谁适应变化快，谁的计划成功率高。我们那些有难度的、时间跨度长的计划，必然被扰乱。就像一场伟大战役，有时气候不对，有时失去补给，有时战友阵亡，有时自己受伤，善战者会根据变化不停调整行动，以保证计划的完成。变化发生时，最好的应对就是马上接受变化，不要回忆，不要抱怨。

二、告诉自己：所有同学面临同样处境，并非针对我。所有人担心同样的事，那就没什么好担心的。

三、屏蔽疫情消息，你只要记住，疫情得到了控制，世界很快会恢复正常。

四、恢复学校的作息。在家，由于不要通勤，你可能会睡迟一点，吃饭磨蹭一点，甚至随时吃点零食。恢复到原来常规的作息，包括这种作息带来的一定的疲惫感，这是在找回节奏，节奏可带着你跑，让你跑得更远。

五、建立仿真角。有条件的用一房间，没条件的用一角落，把学习环境布置得像你学校的课桌一样，我也建议你上网课时穿上校服。这仪式感能让你迅速进入角色。

六、除学习必要，锁上手机，或交由家长保管，每日设定使用手机的时段与时长，能少尽量少。

七、每日完成固定的锻炼，冥想、卷腹、俯卧撑、马步、站桩……总有一项或几项适合你。

八、家人做好配合。高三学生的学习，是此时家里最重要的任务，其他一切退让。这意味着，尽量保持家里的安静，尤其是孩子在学习时，电视关掉，手机静音，不吵不闹，别没完没了议论疫情，设立一个固定的交流区域，你们有事去那儿说。最好也趁这段时间，带着任务看看书，体验一下孩子的学习，自己也可精进。学习有时是整个家庭的竞争，当下最可证明这点。

如果你渴望胜利，你不会害怕变化，变化只是让你多了赢的机会。

加油。

高考志愿，作家梦及思维健康

连叔：

我写了一段时间小说、随笔，只是给朋友看看，我很热爱读书，并且确信读的这些都是文学大家（卡夫卡、卡尔维诺、茨威格、卡佛、毛姆等）。我现在只是高二学生，用课余时间也足够每天读几十页。最近在考虑，如果以后想从事文学方面的工作，大学需要报考相关的专业吗？还是要正常的选一个好就业的专业？还不了解。但感觉如果以后真的专职写作，在现在这种大家没那么关注国内青年作家的情况下——仅自我认为，可能因为我常读上世纪杰出作家的作品——作家能够保证正常收入吗？不过可以明确的是，无论现在怎么想，最重要的是高考。觉得连叔应该了解这方面，求教。

暮春早夏

* * *

暮春早夏:

你以后想当一个作家。作家梦可能是最常见的梦,人掌握了文字,写出一篇自己喜欢的文章,相当愉悦,这种心理状态,作文当过一次范文的孩子都有,以至于想把它作为职业。

作家梦又是最危险的梦。作家总的来说,收入并不高。有句话说,作家间的一点利益纠纷,都能演变成惊涛骇浪。收入低,认为应该更高,心理不平衡,又熟练地掌握了文字骂人的技能,难免就变成这样。你看社交媒体上,作家文人间围绕着鸡毛蒜皮的骂战,那是最玩命的,可观赏性也是最强的,当然,也是最令人心酸的,人,为什么要活得这么可怜呢?

或许你可以说,收入我并不在乎,我只要精神上的荣耀,能通过文字"启蒙"或"拯救"读者就行了。可惜,在这点上,作家也是做得比较差的。多数作家出过几本书,也加入了作家协会,自我感觉极好,以为人们要高看他们一眼,然而人们并没有,毕竟绝大多数书并没有价值。这让渴望认可与荣誉的作家相当失落,于是有人对自己的那点文字过于自恋,时不时提一下,怕人遗忘;有人甚至对世界充满了怨恨。反正,都不太正常。

至于所谓的"启蒙"与"拯救",那作家更做不好。相反,只有形象思维的作家,多愁善感,着迷细节生动的个例,是对谣言、伪科学最没有抵抗力的群体之一。他们反而是需要被“启蒙”与“拯救”的，他们普遍需要逻辑训练、经济学常识和最重要的科学思维，才不至于用他们丰富的想象力去歪曲世界。

对思维能力最有帮助的大学学科，是这四类：科学、技术、工程与数学。你想当作家，最好也去读它们，读着读着，你觉得它们更有力量，可能就不想当作家了。或者，你继续写作，那么，作品的宽广深刻、健康饱满，是只读中文的人难有的。再说了，其实中文系也不是培养作家的，只是以语言文字学习为手段培养能力全面的人才。大多数中文系完不成这个任务，往往让学生既不会写作，又丧失其他技能。

我一直认为，作家成为副业，更能做得好。作家曾经是我的主业，幸运的是，我从来都是高收入的作家，更幸运的是，后来我把它降格为副业，我对文字的理解得以加深。投资、管理公司，是我的主业，在这些方面，不能玩虚的，不能放纵情绪，要理解与尊重他人，更要尊重事实与规律，否则，就是亏损、破产的残酷后果。文学经典，不会教你这些，你在里面打滚一辈子，都没有真正做一两件事对世界的了解深刻。

当然，由于分科与兴趣，你将来会读中文或其他文科专业，那也不必过多担心，只要提醒自己，读这些专业最大的风险是更缺乏科学思维的训练，自己主动地、长期地、系统地补强就是了。

想当作家的人，一定要记住鲁迅在遗嘱中说的：孩子长大，倘无才能，可寻点小事情过活，万不可去做空头文学家或美术家。

文学家（包括其他艺术家）的空头比例相当高，为避免掉进这个大坑耽误一生，你以后在择业时，可以反着来，先找点小事情过活，过活之余，再写作，能写成，当然好，成不了，也可保住思维的健康。

祝开心。

连岳

谈谈填志愿，如何为工作做准备？

连叔：

我是一名刚高考完的山东学生，早上对完答案感觉还行，接下来的一周开始学车，学做饭，学电脑，当然也包括开始学着玩游戏啦！

本人大学专业比较倾向于选和人打交道的，心理学、公共管理、经济学一类的。但是父母比较担心就业问题，毕竟自己成绩也就够个985中下游的学校，有些小争执，望连叔能够给予点拨！

清寐

* * *

清寐：

你的问题有普遍性，我们展开说一下。

高中毕业，有少数孩子，对某个学科，有强烈的兴趣，他们应该顺从这个热情，填报相关志愿。兴趣是最好的老师，有助于他们一门深入，成为相关领域的专家。当然，也存在真正读了，兴趣消失的情况，那也没关系，把课程学好就是了。没兴趣的事，该做好，也把它做好，这也是应该学的本事。这本事在人生中用得最多。更多孩子只想着结束"地狱"般的高考，没想过大学要读什么，也没什么特殊的兴趣。让他们选专业，要么是一时冲动，要么凭借媒体与议论中的热点，要么纯粹是对某个学科的误解（以为很好玩）。此时，反而要听听父母长辈的意见，他们被生活"毒打"过，考虑问题，至少比较接地气，想得多是以后好不好找工作。

大多数人不走纯学术这条路，大学毕业后就会去找工作。所以，站在雇主的角度，想想他需要什么人，这样原则就容易确立。

一、少选别人可以依靠天赋秒杀你的专业。比如很多人选中文专业，就犯了这个错。中文当然不仅仅是写文章，可中文毕业不会写文章，也说不过去。你在985学中文，文章可能写不过一个有天赋的初中毕业生。但同样是文科专业，你法律系毕业，没受过专业训练的人，就赢不了你。

二、选只能在大学学到的专业。比如你想学与人打交道，就不符合这个标准，大学老师，无论哪个专业的，可能最难教会你的，就是如何与人打交道。不带偏见地说，大学老师在这一块比较弱，这要在工作中学。相反，比如STEM——科学、技术、工程与数学，这种硬专业，只能依靠大学里系统的、严格的训练，才能建立基础。所以，有两个专业摆在你面前，选更难的那一个。

三、工作极可能与大学的专业无关。这不是说学习可以随便混混，反正以后要改行。反而要学好，改行，学习新知识，这需要你有学习能力支撑。学好一个专业，无论你喜不喜欢，以后用不用得上，你得到最硬核的本领就是学习能力，它可以平移至学习任何一门新知识。大学除了把自己的专业学好，还应利用大学的便利，尽量多学一点其他知识，建立多学科思维。

四、专业只是术，德才是道。上了大学，尤其是985级别的大学，术已经赢过大多数中国人，换言之，无论你读什么专业，都有让人高看一眼的资格，在就业市场有了先手。但术一定要有德的支撑。德是什么？一言蔽之，对得起信任的能力。人在职场的进阶，都伴随着权力的增加，你管的人、事、钱增加，这需要人的诚信、自律与主动，才能用好权力。获得信任很难，维持信任更难，一次谎言，一次甩锅，一次奸诈，就会失去信任。没有德，才并没有用，有别人也不敢用。有没有德，短时间看不出来，长期必然知道，有德之人，一定脱颖而出，获得尊重与安全，无德之人，一定装不久，风险随之增加。德也需要训练，最后内化成自己的品质，这样才有长期主义的眼光，既能规划好人生，也不会因为对手暂时耍滑头领先而焦虑。

祝开心。

连岳

学历的重要性不容小觑，那又怎样？

连叔：

我今年虚岁二十一了，才高中毕业，读了一遍又一遍一年又一年。今年等待着我的，依然是专科学校。身边的朋友同学无不在向前迈进，好似只有我停滞不前，偶有倒退，我迷茫不堪。在一番折腾下，我即将去专科了，我觉得这样的路对我来说才是最真实的。只是可怜了父母的钱财，枉费了父母的期望，只证明了自己的“努力”。

最近家里经济压力很大，年迈的父母顽强地守护着自己的公司，却频频被官司缠身，让人好心疼。

我有好多好多的心声想要吐露，却一句也写不出来，但是我知道自己，有许多许多心声需要吐露。我自己也不懂自己。

连叔，我该何去何从呢？我本以为今年能顺利进入本科，刚开始还自信满满，结果却好一个意外。一位受人尊敬的老师在高考前将您的公众号推给我，我也是很尊敬您的。如今学历的重要性不容小觑。我想考研，身边人大多都不赞成，觉得我不是读书的料。我研究过武汉本科自助班、成人自考本科、专升本。各有各的优缺点，时间花得少的含金量低，本就优柔寡断的人该怎么去选择呀！时间不等人，我实在是没有坚定的选择。请您骂我一通，给我些指导吧！我想清醒过来。

小心台阶

* * *

小心台阶：

你并不是一个优柔寡断的人。多数人觉得你不是读书的料，你还是坚持想考研，这就是证据，证明你很能执着自己的追求。

学历的重要性不容小觑，这是真理。有些孩子，天赋不错，就是因为不知道这条真理，以为书是替父母老师读的，能偷懒就偷懒，荒废学业，学历不高，多年后迎来后悔。你不像他们，你很努力。这是好素质。以后交给你的事，你会尽力而为，凭这点，自食其力，获得尊重，就不难了。绝大多数人的工作，不过是些小事，有明确的标准，你不惜力，打磨成精品，世界淘汰不了你。别说你有专科文凭，就是你只有高中文凭，甚至没有文凭，把事做好，别人都会喜欢你。学历不耀眼，天并没有塌下来。

这世上很多东西的重要性不容小觑。

身高的重要性不容小觑，但矮个子成年后就不梦想自己能变高了。

美貌的重要性不容小觑，相貌平平的人照样得活好。

暴富的重要性不容小觑，可工薪阶层量入为出，也能逐渐富足。

出身的重要性不容小觑，我们也不会嫌弃普通的父母。

……

这个表可以一直列下去，轻易写满两百条。结论只有一个，有些不容小觑的重要东西，我们恰恰没有，那就只能接受这个现实，在这个遗憾的基础上努力。人生就是遗憾的艺术。无人没遗憾。你看，生命的重要性不容小觑，人却总有一死。

你可能认为学历并不一样，只要死磕，总能搞到一张研究生文凭。好大学的、硬碰硬的没有，我拿一张水一点的，甚至多花点钱“买”一张，总是大有希望的。认为文凭的重要性是通过盖有学校印章的一张纸体现，这种想法没错，你毕竟拥有这张纸。但它的重要性是表示一个人智商高，有学术研究能力。你这两方面应该都很普通。现在企业的HR都学聪明了，研究生文凭、洋文凭满天飞，鱼龙混杂，咸鱼多，蛟龙少，我索性只看你本科读什么学校。本科是好大学，那你文凭的重要性不容小觑，否则，小觑你没商量。你拼死拼活搞来的研究生文凭，像废纸。

高智商的重要性不容小觑，没有就切忌装聪明。中人之资是绝大多数，我们的路径不同，没有那张高智商证明书，在生活工作中慢慢积累，只要负责、好学，在一件件小事中精进，也有美好的一生。你父母年迈，生意又多有难处，你读完专科就可以帮助他们走出危机，把这张生活的试卷答好，功力相当于研究生。

学习是一辈子的事，不是一张纸的事。要有这样的信心：学历的重要性不容小觑，那又怎样？我学历不出色，你也得承认我的重要性。

祝开心。

连岳

教育的好时光来了，请不要用焦虑毁掉它

中国的一大竞争优势就是中国人极其重视教育。通过基因进化，成千上万年才会有细微的变化，通过教育进化，每天都有变化，教育是人创造出来的最快的更新迭代方法。

从理论上看，现在的教育应该很便宜，甚至趋近于零成本，电子教材可以瞬间海量复制，在5G时代，名师的课程也可以同步给偏远地区的学生，再加上沉浸式设备，与在现场听讲没有区别。

当然，知识传递到学生的大脑，只是教育的第一步。大脑里的知识转变成行动，学生解出数学难题，写出漂亮文章，说出流利外语，成为创造力更强的人，这个第二步难得多，至少耗时十多年。一个人的纪律性、忍耐力、百折不挠的坚韧，既是教育的内容之一，也是教育得以完成的保障，这需要学生自己的内在动力，再有名的学校，再大牌的老师，再先进的技术，都不可能钻进学生的

身子里代替他行动，被动的、急躁的、一挫即溃的、只喜欢速成的学生（及其家长），难有好的教育成果。

低成本得到教材与课程，然后自我修炼。高中学费，大学学费，一般家庭，也可以承受，大不了再用一点助学贷款。这就是教育的全部，能贵到哪里去？但是，为什么与人们的观感差很多？总是觉得教育很昂贵，超出了一般人的承受力，有人甚至读得倾家荡产。

教育作为服务的一种，确实可以很昂贵。有需求就有服务，有许多针对富豪家庭的教育产品。同样一所大学，有人读四年花几百万，有人靠自己打工，谈不上好坏，家长有能力，愿意给孩子花，花多少钱都行。这就像车，富孩子，十八岁生日就收到一部保时捷跑车，你不能说错了。但是穷孩子，一部几千块的二手五菱，获得的通勤能力是一样的，五菱拉东西还方便得多。

在购买物质产品上，人们容易理性，工薪阶层，孩子怎么会闹着要保时捷跑车？闹了大家也当笑话，不可能满足他。但他要的是教育产品时，非理性却很强大，“只要你读书，我就得满足”，“教育花再多的钱，都能赚回来”，脱离消费能力，毫无成本意识，就开始买自己支付不起的教育产品。

就像昨天这个孩子的留言：

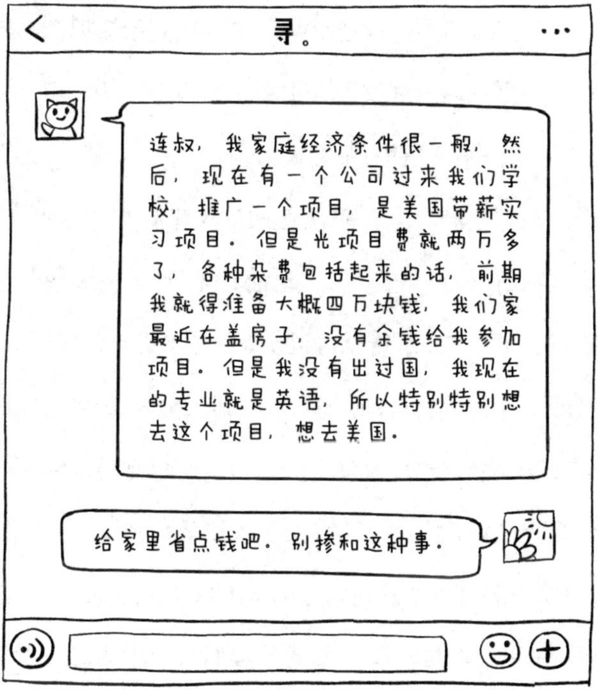

她后续还有留言，说已经自主报名，用分期付款交了第一期的六千元，指望向亲戚朋友借钱付第二期，但已经凑不出来了，面临违约责任，之前交的钱不再退回。但愿她止损，不要冲动行事，借各种高利贷，那样坑就会挖得自己爬不出来，还连累父母。

当然，现在也得让父母填这六千元的坑，可是毕竟还是小坑。犯这种错固然懊恼，但由此有了成本意识，以后避免了六万元，六十万元的损失，也是收获，也是受到了教育。人不可能不犯错误，相反，人容易犯错，人通过纠正错误得到新知识，是进步的主要方式——虽然通过观察别人犯错获得自己的新知识，会更好一些，但自己也免不了犯错，不要太沮丧。

越急躁，越喜欢速成，越没有触及教育本质的人，他们的焦虑越容易被利用，一件教育产品（无论好坏）只要包装成"不上车就再没有机会了"，"交了钱就可以逆袭"，"不必辛苦就可成功"，他们就按捺不住付款的冲动，因为实在是太对胃口了。真正的教育者，不会这样出售产品，真好学的人，也不会被这种产品蛊惑。

这是一个好时代，有无穷无尽优等教育资源，它们花不了几个钱，只要你静下心，沉住气，慢慢消化，把它们变成自己的知识与行动，你的成就是没有上限的。我们有一生的时间受教育，不急躁，时间就多，想速成，天天上当，一生急死，再好的教育，也无缘消受。

少年，我们一起来学永恒的技术

连叔：

您好！

我今年十五岁，男生，初三下学期就没读了。自己不喜欢读书，不想读书。去做事，好多地方都不收，目前在老家小县城干服务员，但觉得学不到东西想辞职，想去学技术也不知道学什么好一点，现在感觉好迷茫，您可以指引我一下吗？非常希望能够得到您的一些建议。

刚好遇见你

* * *

刚好遇见你：

我认为，一个人真的不喜欢学校教育，十五岁了，是可以工作的。会读会写了，不喜欢学校并不意味着不喜欢知识，自我教育照样可以进行，你看，你都给我写信了，我们也可以无障碍交流。信息社会，知识资源非常多，你想得到，就能得到。

现在从十五岁就开始工作的人不多。因为绝大多数家庭可以供养十五岁的孩子继续接受教育，甚至在他们对学校教育毫无兴趣时也迫使他们待在学校。家长总觉得这么早承认自己的孩子不会读书，就是不尽职、没面子。十五岁也不好找工作，从法律上讲，是未成年人，雇主要冒一定的风险。

也就是说，你十五岁就能够按照自己的意愿，找到工作，并不是件容易的事，无论原因是什么，结果是你喜欢的，这就是你人生一个好转折。而且一个谦卑的起点，对职场新人来说，也有好处，你不会傲慢，你会更尊重给你工作机会的人。很多人浪费了他们的高中三年，又在一些不像样的大学浪费了几年时间，他们的知识未必比你现在的多，但他们的心态却可能变差，误以为自己可以随便挑选工作，高不成，低不就。他们本来也应该从服务员做起，但心理障碍却大得多，自己的虚荣心就很难战胜，这也是遍地工作机会，很多人却只能在家啃老的原因。

再来说说工作中的技术。说到技术，一般人总是理解为设计、制造、修理某些产品。当服务员，端茶、递水、传菜、收拾，似乎与技术无关。但是只要你承认有好坏服务员的差别，那就是承认当服务员也有技术，好服务员就是掌握了更多技术。服务业是观察人性、理解人性的行业，其中有大技术。你把自己收拾得干干净净，精神饱满，及时回应客人的需求，甚至通过观察预见客人的需求，这些都是不容易掌握的技术。

你花几年时间，成为一个好的服务员，你以后做什么，都容易得多。对你将来的恋爱、家庭，也有帮助。某种程度上，和人有关的事，都用得上好服务员的技术，我们只有通过提供更好的服务，为他人创造价值，才能得到相应的回报。我在公司与同事们交流时，也反复说，己所不欲，勿施于人，一定要站在客户的角度想问题，客户得到价值，我们才有价值，这个技术掌握了，我们能够呵护善良，增长智慧，不会犯大错误，饭就吃得久一点。这些同事里，有名校毕业生，我也活了半辈子。你可以看得到，我们反复磨炼的技术，和十五岁的你，是一样的，因为人性永恒，所以我们殊途同归。

你可能认为写文章是另一种技术，从需要大量的阅读，不停提升表达能力这些层面来看，是的，它是个技术活，但它不是最重要的技术，最重要的技术是成为一个好的服务员。今天这篇文章，并不会有什么文学价值，不优美，也没有格言金句，它像一碗粥，一碟小菜，很平常，但刚好是你这个客户需要的一点热量，我就愿意提供，而且满心欢喜。希望你满意我今天的服务。

祝开心。

连岳

“更好”好

“我将来要做些什么?”其实很多人都不太清楚，最多只有一个模糊的影子，往往走几天，发现这影子也在飘移。

这问题令人困扰。如果你追求未来的确定性，像一本打开的说明书一样，那你的困扰会越来越强，甚至陷入恐惧：我的未来有多大的风险，我并不知道。

如果把这不确定性当成潜在的机会，那反而变成了乐趣：我的未来有多大的机会，我并不知道。

而未来是风险还是机会，取决于你当下怎么做。人生像巨型的多米诺骨牌，推下一块小小的骨牌，它若不停，一直放大，最后可以推倒一座山。你的风险可以如此放大，你的机会也可以如此放大。

下面是与一位小朋友的简短问答：

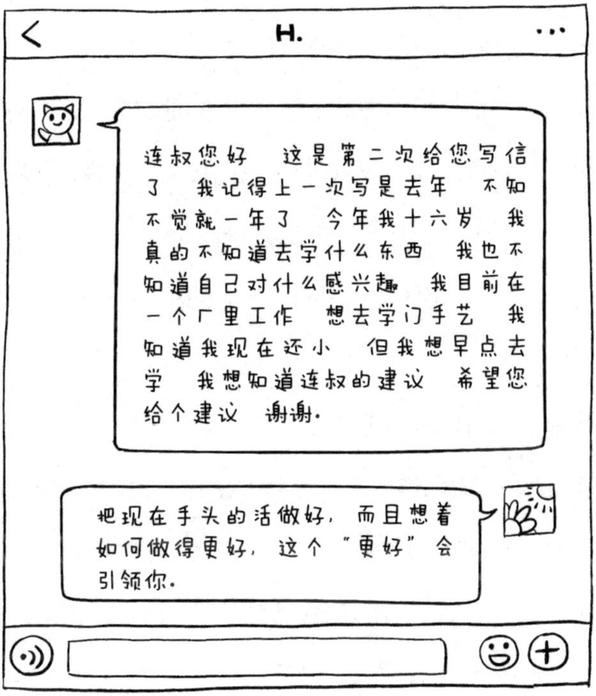

用“更好”发现自己的未来，这个指导原则，来自我非常喜欢的亨利·福特。在5G开启的时代，这位汽车生产大师似乎显得不那么酷了，但相信我，他仍然是最酷的，还将一直酷下去，因为他的产品并不是汽车，而是他对世界的看法，是他做事的方法，用它们来指导自己，个人进步也好，企业发展也好，都可极大受益，我就经常翻翻他的自传。

他说，如果我有一个核心的话，就是“更好”法：任何事情都能够比它已经做过的做得更好一些。

比如上面那位小朋友，一眼可以看到他有个“更好”需要做：他下次应该使用标点符号，让自己的一段文字更规范，更正确，更优雅。我写了半辈子文章，也还在琢磨“更好”，变成了无法停止的本能，一个常用字的使用，都能让人着迷。只有这样，才不会停留在原地。

我第一次看到福特的“更好”法，如遇名师，欣喜不已，我只有模糊的想法，而他形成了一整套方法论。他甚至在没有外力逼迫下，强行自启“更好”进程，比如成本就是要下降一半，然后再从设计、材料与工艺上找突破。这样进化十二年，发明了改变世界的T型车，用汽车普及为世界带来繁荣。

很多人总觉得，更重要的工作、更好的机会，都在别人那里，天天不是羡慕别人，就是瞎跟风口，瞧不起自己手头的事，能混就混，六十分万岁。这种心态与行为又可以自我验证，你真的变成一个不及格的人，能力变弱，机会全跑到别人手里，你的未来一团糟。

很多了不得的大事，都是因为小事不停变得更好。杂货铺谁不会开？不停变好，就有沃尔玛。手头做的任何事，你可以因此拿到工资，得到客户，那么，这事再小，你都有一把改变未来的钥匙，效率提升两倍，你是人才，再提升两倍，你是企业家，若能再倍增几次，你就是一个改变世界的人。

你的爱情，你的家庭，你的工作，你的企业，你的地位，从有形到无形，这些都是你一生的诸多产品，但它们只是表象，你的产品只一个，就是你最核心的理念与方法，你用“更好”法，那一切表象都会更好。

未来还在雾中，填报志愿的不稳定三角

填志愿时，除了予取予求的学霸，大多数高考生可能陷入不稳定三角困境：城市、学校、专业，总有一个不满意。

解决方法其实也很简单，接受这个不满意。这么说有点像要无赖，但事实就是如此，人在大多数情况下，总是分数不够多，必须接受一点遗憾。

我还记得四年前，陪一个孩子填志愿，也面临同样的困境，我们商量的结果是，索性学一个目前看起来最没用，但其实一辈子可用的技能，学一门外语吧。

她父亲疑惑且不安：学外语以后怎么找工作？说实话，我也不是神，无法保证她将来有工作，但我知道，大学的专业与工作并无直接联系，本科不过是通识教育，重要的是通过这四年把自己变成一个靠谱的学习机器，给你一个新课题，能够找出知识的谱系，按照其内在的逻辑将它吃透，此后的一辈子，见招拆招而已。

能力弱的人，考虑问题只有一个点，看不到点之后的系统，无法形成点与点之间的联系，是被动的。人在早期，都是如此。大学教育完成得好，你就变成一个主动的人，面对一个问题，不是单纯地应付它，而是看到了其后的一步两步三步，举一反三，在未来出现微弱信号时，能够将之捕捉，比别人稍快一点，这就足够了。

那孩子后来选了日语专业。她爷爷还很不满：怎么去学小日本的语言？大家哈哈大笑。

果然世事难料。未来的工作，总是不知道在哪里。现在她成了我公司的员工，我也不知道这四年里自己会开公司，甚至还真需要一个通日文的员工。如果她只会日文，其他素质不具备，可能也不会招她。但正因为素质具备，日文就是加分项。我的意思是说，当你成为一个主动的学习者之后，一些看起来不怎么样的冷门专业，在将来的工作中，反而可能成为加分项。本科的专业并不会捆死一个人，也不应该被其捆死。所以，当你因为分数，不得不选一个自己不那么爱的专业时，没什么可伤感的，更不要害怕，把它学好，你不爱的专业都能学好，将来工作之后面对新技能、新学问，你就更容易掌握。

未来唯一可以确定的，就是它的不确定性。太喜欢确定性，可能就没有未来。

记得前不久，一位在北京打拼的读者留言，他在环京买了房子，算是开始扎根了，但父母一直要他回小县城考个事业编，因为每个月固定三千多的收入，人生有保障。他之所以会问，就是有点动摇。

在北京见过世面的人，当然知道三千多的月薪，什么也保障不了。但就是对不确定性的恐惧，让人羡慕确定的生活，即使这确定是相对贫穷，是更少机会。在这个极端的例子里，可笑性一目了然，但放在填报大学志愿上，很多人同样对不确定性恐惧过度，其实没必要，这四年充实度过，为你提供工作机会的公司说不定刚成立。

当意外发生后

连叔叔：

很抱歉打扰您，我真的不想把我的负面情绪宣泄给您，但是十分抱歉，我真的有些迷茫，我不知道我的状态到底应该怎么调整。我想无数初中生都是这样过来的，也许是我玻璃心，受不了打击。下周一波接一波的考试要砸向我，这个周末一直在刷题，晚上被爸妈拖出去吃了一顿我一点也不想吃的家庭聚餐，回家的车上被七大姑八大姨吵得睡不着，现在肿着眼睛给您写留言。希望您能看到，帮即将期末考试的我调整一下心态。上一次考砸了，这一次对我真的很重要，但是我真的很担心我的状态。

虽然上学期真的很累，但至少从来没有一个瞬间让我想从十楼跳下去。但我想，现在有了。有无数个瞬间我都想推开窗子，吹一吹十楼的风，然后纵身一跃……

有爸妈很好吗？我倒是宁愿别多受这一份气。伤心难过还不是一个人哭，还要被骂一顿。他们经历过我的生活吗？既然没有经历过这个时代的学生生活，又凭什么对我的举动评头论足？每个人都有崩溃的瞬间，既然在你受到伤害时我能帮你擦一下眼泪，你又凭什么在我难过时踩我一脚？也许有人会问，你没有朋友吗？她们不会安慰你吗？其实我一直都很排斥不管不顾地向别人宣泄情绪，把对方感染得心情复杂，自己好过了，别人却变丧气了。我想我就算去跳楼也不会好意思这样麻烦别人。也许有的人会说我有病，但我不介意，这只是我的坚持而已。我是个很犟的人，认死理，时间再紧都不会闯一个红灯，再怎么样都不会让别人等。也许我真的有病吧，我承认。

之前有个同学查出来轻度抑郁，我想我也没比她好多少。有时候我甚至恨自己是个追求上进要面子的人，不然也许不会这样压力大。

非常感谢您有耐心读完，打扰到您真的很抱歉！

tomato

* * *

tomato：

邮箱昨晚10点48分收到你这封主题为“来自一个快要崩溃的初二学生”邮件，希望你睡了个好觉，醒来看到我的回复。

面临期末考试，你现在的压力可能很大，非常想考好证明自己，所以你赋予它极大的重要性，“这一次对我真的很重要”，以激励自己这次再也不能考砸。与此同时，你或许预感到，这次考试未必能够如愿证明自己，失望是难免的，以至于觉得人生没什么意思。我在初中高中，都是成绩一般的学生，忘不了这种心态。想当好学生，获得表扬与欣赏，但实力不允许。想当坏学生，彻底断了大家的希望，获得低水平的安宁，却没那个胆量，也真的不甘心。

我们付出了不亚于别人的努力，甚至更努力，因为只有把自己搞得精疲力竭，才有“我已经尽力了”的短暂心理平静，可是最后却没有增加分数，一直是老师眼里的路人甲，最常看到的家长的神情是那种“我快要失去耐心责骂你了，但是我得忍住表示我有耐心；我不稍微体现一下失望，这孩子会不会甘于落后”。我们温顺地站在他们前面，表面上是小孩，但已能敏感地猜透大人幼稚的内心，而他们，却不知道我们内心的风暴。

这种成长的纠结（可能很容易在病理上被划归为轻度抑郁），成年后回忆，都是小事，也成为我们理解人性的资源。它在当时是大事，那是因为我们还处于学习阶段，不可避免地，分数成为最重要的衡量标准。其他一些有珍贵价值的种子，是隐性的，看不见力量，转变不成分数，但再长二十年，它却成为你的竞争优势。比如你“再怎么样都不会让别人等”，这是善于体谅他人处境，能够穿他人鞋子思考，是有高度的自尊；而“时间再紧都不会闯一个红灯”，这种理解规则、尊重规则的精神，预示着你更容易赢得合作伙伴，成就自己的事业；你现在已经不向他人“宣泄情绪”，这证明你是一个给他人带去正能量的人，你将来会是一个抚慰者、激励者，朋友们喜欢你。你已有的这些能力，很多成年人还在努力补课，也正因为缺乏这些能力，我见过太多原来的优秀学生泯然众人，甚至达不到平均水平，成为不负责任的、令人讨厌的家伙。

人生很长，并不是由某一次考试决定的，也不是由你的最终学历决定的，只要人生还在持续，就意味着机会、发现、成就与乐趣，它是一个持续进化的过程，生命力与韧性，是人生高度的基础，没有生存，谈何进化？获得生命力与韧性，那要靠与“意外”搏斗。那些打乱我们计划的事，那些我们不想见到的考试失败、事业不顺，那些我们犯的错误，每纠正一次“意外”，我们就额外发现一点可能，得到一点能力，这“意外”是我们的训练师，强化我们自己发现不了的、不愿意面对的弱点。

你周末想好好备考，但被长辈拉出去吃饭，这个“意外”打乱了你的学习计划，你的情绪随后变得恶劣。但从进化的角度，你就会知道，这种事情以后会经常发生，你下一次期末考、中考、高考，在任何一个重要时间节点前，应对同样的“意外”，你就会做好计划的“冗余”（不把时间表定得过死过细），一晚被干扰，一天被干扰，你都有了备案。下学期期末考之前，你爸妈又拉你出去聚餐，你不仅有“被我算准了”的乐趣，还能看出他们有想让你放松一下的好心。在聚餐中，你也可以专心享受美食，大家的聊天议论，成为你人生的间接经验，是你写作文的好素材。

今天的烦心事，明天变成美事，这就是你通过“意外”获得的成长。以后也要如此，“意外”发生，计划被打乱，先不烦，先想着如何将之转化成资源与力量，这种转化一定能发生。

祝开心。

连岳

高考失败不要紧，通过失败教育才要紧

临近高考，留言里担忧高考失败的学生与家长，迅速多起来。

我祝所有人高考成功。

这祝愿情感上可以理解，但它却不合现实。高考，对多数人来说，注定是失败的：你上不了自己心爱的好大学，你甚至上不了大学。

所以，比起高考成功，更迫切需要解决的问题是：我们该如何面对高考失败？

没人喜欢失败，但是失败极可能会来。不夸张地说，每个人都会经历某种程度的失败，如果没有学过失败学，也容忍不了自己失败，那么，失败来的时候，你就会不知所措，失败带来的杀伤力也会加倍。

其实不少高考成功者的人生定格在那一刻，他们以为自己将永远是成功者，结果，承受不起大学的竞争、工作的竞争，在失败教育终于到来时，呈现出脆断式崩溃，令人惋惜。

一些高考未必成功的孩子，在高中时地位不高，面对自己的成绩经常沮丧，偶尔还得受老师嘲讽，他们的自尊，他们的心理，经常被按在地上摩擦，承受力变强了，后来找到自己的兴趣点，持续发力，人生可观的也不少见。

说两件令我感动的事。

一是和二十多年前的一位小朋友重逢。

我的第一份工作是在一所学校当老师，同办公室有位大姐，和我一样，教语文。她勤奋、温和、善良，有个安静、乖巧的女儿，下课后常来办公室做作业。

我在那学校待了四年后，调走了。之后在多个城市游走，原来的教师生涯，恍若隔世，再也没有见过这对母女。人世间，就是这种偶遇，萍聚，再见即是永别。

后来在我公众号上，有位姑娘经常留言，从她的留言拼凑出她的生活：爱学习，善自省，家庭融洽，爱丈夫，也爱孩子。后来知道，她就是当年在办公室写作业的那个小姑娘。为她现在的生活感到开心。

这位姑娘，有次留言，动了感情，说出另一件令人感动的事：

“高中时候，我和闺蜜鱼仔都是偏科大王，所有成绩一塌糊涂，唯独英语雄霸年段。不幸的是，我俩高考都没有考上英语系，这对我是一个致命的打击。

“大学四年，我在中文系得过且过，最后平平淡淡地毕业了。而鱼仔始终没有放弃对英语的热情，利用课余时间坚持学习，大三时她已经可以在雅典奥运裁判团做兼职翻译，毕业后更是跨专业成了全球只有两千多人的同声传译之一。这就是努力与不努力的差距。

“也许我现在努力不见得将来能有这样的成就，但我相信一定有收获，就当去圆一个过去的梦吧。

“……闺蜜的近况：她大学毕业后一个人窝在租来的五六平米的地下室里坚持英语梦，终于考取了同声传译资格。之后，慢慢从进入翻译公司零星接活儿，到出来单飞，会议连成河。她经常各个国家之间飞来飞去，飞来飞去，飞来飞去……嗯，早在幼儿园时候，她就告诉过我她的梦想是环游世界，所以她做到了。

“几年前，她作为人才落户深圳，靠自己的收入买了小小的房子。她这么多年背后付出的汗水是难以估量的，但她很开心，因为一直是在做自己喜欢的事情，并能因此拥有不错的收入。现在她在深圳很自由，接同传任务，还有大把时间能够健身，休闲，看书，做同传老师……”

看了鱼仔姑娘的故事，可能很多人身上沉睡的能量都被唤醒了，这就是“失败教育”：有些考试，比如高考，我们可能会失败，原因有多样，可能没有开窍，可能没有找到学习方法，可能就是特长过于集中于一点，不够全面。

但是高考失败后，人生才开始。只要你持续养大自己的学习能力，聚焦自己擅长的那一点，那么，经过几年，你收获的不仅是专业略有小成，还得到了从失败中站起来的能力，当新的挑战出现时，你毫无畏惧，因为，你已经允许自己失败，你也知道，自己将在失败后重新出发，你有了这经验。

中文是最难的，可为什么中国人学不好英语？那是因为学外语是脑部神经元的全新连接，学习过程中，每一个发音，每一节课，每一天，都充满失败感，太多人无法承受记忆中的失败感，但是真正的学习者，反而习惯了失败，这种失败感反而令他们兴奋，它意味着自己的能量正在聚焦。

孩子，不要跟制度较劲

“眼里容不得沙子”，这句话常用来夸人或自夸，自夸居多，表示自己高洁，正义感爆棚。

对这种人，我往往敬而远之。世上没人没有缺点，人人身上有沙子。眼里容不得沙子的人，奇怪的是，往往容得下自己，这是一种精神分裂。

有人认为，中国知识分子从古至今的通病是，太爱表演刚烈，骨子里盼着殉节的机会，好留名青史。他们读完书就做官，没干过活，也瞧不起商业，对现实世界的运行规则并不了解，只有立场，没有通融，喜欢战争，不爱和平。用他们的话来说，叫作宁为玉碎，不为瓦全。

不要以为皇帝好当，朝廷上有几个这样的文官武将，动不动以死相谏，要用舆论搞臭皇帝，皇帝心里也苦，你要闷声大发财，他偏要你立场鲜明。这些人自己死了不要紧，以为可以上史书，只是可怜天下苍生，跟着倒霉。

今天这篇文章，其实是教孩子怎么写应试作文的。应试作文要得高分，就得眼里容得下沙子。

怎么说呢？先来看看昨天这孩子的问题：

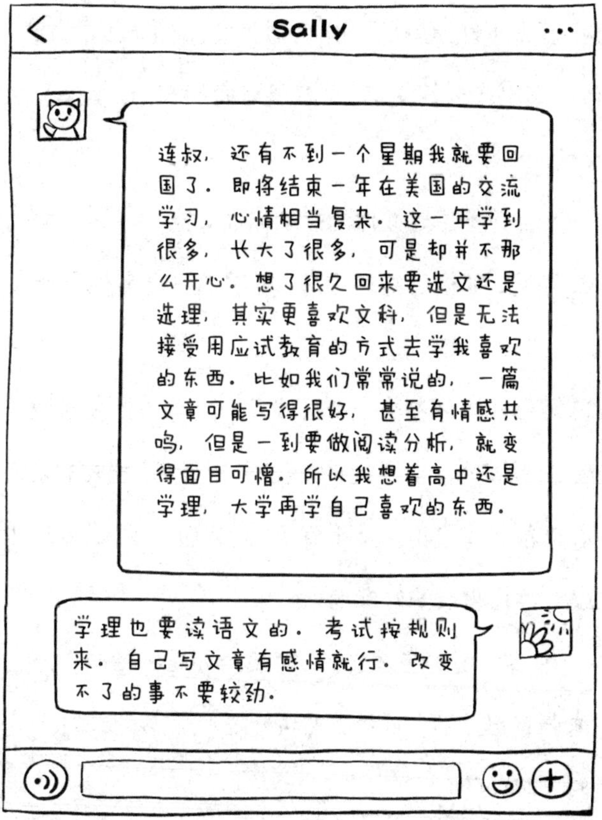

身边有些孩子高考时，都会问我有关作文的问题，对话大致如下：

他们问，你觉得自己的文章好吗？

我说，当然觉得好啊，觉得不好我就不写了。

他们问，你觉得那些高考满分作文好吗？

我说，基本不好，矫揉造作，堆砌辞藻，虚张声势，当然，不能指望小孩子写出什么好文章，文章是时间的产物，小孩子活的时间还不够长。

他们问，那是不是要按你的文章标准写？

我说，不要，那样可能得零分，要按那些高考满分作文的标准写。

我的解释是，当你参与一个游戏、一个竞赛时，要按裁判制定的规则玩，高考满分作文，你喜不喜欢并不重要，重要的是你知道按这规则，就能多拿金币。金币到手，高考通关了，游戏结束。你自己写文章，再按自己的好标准来。

考试与生活，现实与理想，非得搞个你死我活吗？不必。你考试时，勉强自己按照"高考作文高分规则"写篇文章，有伤害他人利益吗？没有。

对语文教育，高考作文，乃至高考制度，人们总是热衷于议论。就算这些都对，只要你还想在这个选拔制度里玩，就得按照现行的规则来，这规则里你不喜欢的缺陷，就是几粒沙子，容忍它，你将来有能力了，再来改变它吧。

因为眼里容不下这几粒沙子，我就不读书，不发挥自己的长处，甚至不高考，损害的只是自己的利益。你的这种自杀式攻击，根本不会影响规则。

高考完，你进了大学，将会发现，大学里也有沙子。你工作时，职场里也有沙子。任何一场竞争，总有让你不舒服的地方。怎么克服这种不舒服，是一个人的核心能力。看似刚烈，搞得自己像是世上最后一个圣人，何尝不是一种高明的逃避呢？

就是法律，你的见识慢慢增长后，也能判断出有些是恶法。但这不是意味着你要刻意冲撞它们，把自己搞进牢里。

人要有理想，有是非，不然就是一条咸鱼。

人也要活着，因为死了更像一条咸鱼。

人生连续剧，一百集，高中只到了十来集，你作为主角，当然得战胜各种不利因素，不逃避，拼下去。

令人持续变强的思维起点

人生每一天都充满了选择，选A还是非A？晚饭要喝粥还是吃面？

人生每天也充满了选择困难，你会得到令人恼火的两个字：“随便”。

为了提升自己的选择能力，在生活中面临选择时，选择再小，都尝试做出具体的、明确的选择，这样会习惯为选择付出机会成本，选了A，就得放弃选非A的潜在好处。

有一类心理障碍，或者性格软弱，我叫作“永远尝试证明自己选择错误”，比如昨天这条留言：

这孩子代表了一大类人，这种想法也是许多人在犹犹豫豫中错失机会的原因：他永远在等市场上最低的点，只要想到自己买入后价格还会下跌，就痛苦得发狂。所以，价格下跌时，他不会买，因为他认为会跌得更低，价格反弹时，他更不会买，因为错过了最低点，我要等低点再现。

好不容易买了，价格还不能有波动，他买的产品还得是涨得最好的品种，否则，还得后悔。

而市场的最低点，利润化最大的一点，它只会出现在一瞬间的某次交易上，是随机事件，理性的交易者，不会尝试追求这个点。

“早知道，我就选……”这种口头禅，要当作思维毒药，从自己的话语体系里删除。

早知道，没穷人。这个世上没有早知道，只有现在知道。

选择，并承担后果；选择A，则放弃非A的好处。这个原则，可以让你持续变强，可以令你成为果断的交易者，也能让你变成有责任感的人。

不知道这原则，或不遵守这原则的人，就会感觉全世界都跟他作对，选择越多他越生气，只有1种产品时，他很开心，有10000种产品在竞争时，他反而痛苦了，因为要放弃9999种。

知道这原则，下面这个不好选择的问题就清晰了：

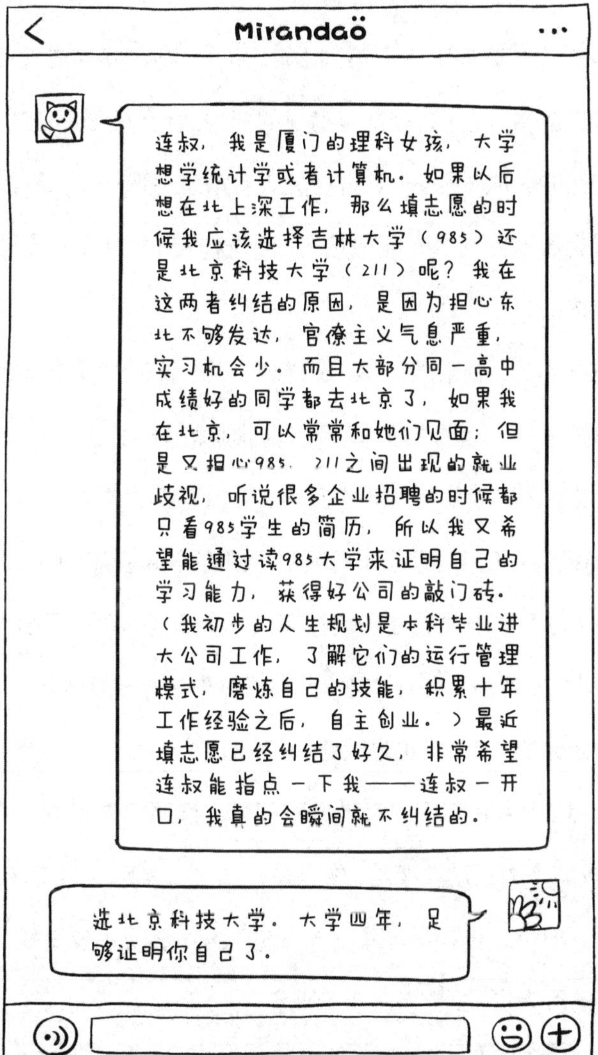
Mirandaö
连叔，我是厦门的理科女孩，大学想学统计学或者计算机。如果以后想在北上深工作，那么填志愿的时候我应该选择吉林大学（985）还是北京科技大学（211）呢？我在这两者纠结的原因，是因为担心东北不够发达，官僚主义气息严重，实习机会少。而且大部分同一高中成绩好的同学都去北京了，如果我在北京，可以常常和她们见面；但是又担心985、211之间出现的就业歧视，听说很多企业招聘的时候都只看985学生的简历，所以我又希望能通过读985大学来证明自己的学习能力，获得好公司的敲门砖。（我初步的人生规划是本科毕业进大公司工作，了解它们的运行管理模式，磨炼自己的技能，积累十年工作经验之后，自主创业。）最近填志愿已经纠结了好久，非常希望连叔能指点一下我——连叔一开口，我真的会瞬间就不纠结的。
选北京科技大学。大学四年，足够证明你自己了。

最近填志愿这类问题非常之多，孩子们都不缺长远规划，但对急迫的选择反而束手无策，根源就在于，他们不知道任何选择都要付出成本，任何选择都有潜在的损失，什么好处都得的选择，是不存在的。成绩够好，也得在北大和清华里选一个，选了清华，你也得在A专业与B专业中选一个，选择没有穷尽，只有死人才不需要选择。

填报志愿，有限的分数，选择好城市，就得接受大学稍差一点。选择稍好一点的大学，就得接受城市稍差一点。

我来选择，我认为城市很重要，可以忍受大学差一点。在一个好城市待四年，积极主动一点，这城市的气质会影响你，你熟悉它，也有利于你毕业后在当地找到工作。但是，你选择稍差城市的更好大学，就错了吗？也不是，那只是你认为专业学好了，四年后全国任你选，这条路也是大路，并不难走。

选择之后，有相应的行为调整即可。选择好城市差一点的大学，那校园外的活动多参与，你躲在校园里听老师大骂市场，那就浪费了好城市。选择差城市好一点的大学，那就不要受校园外守旧落后的行为影响，更专注于专业。

就像武汉，并不是最重要的城市，但它的在校大学生，百万以上，从数量到密度，常年是全国第一，远胜一线的北京上海深圳，只有广州可以抗衡，但这不妨碍武汉的大学毕业生直奔深圳找工作。

有选择不是坏事，不敢选择，选择了一直后悔，那才是坏事。

衣冠取人

有个朋友，亿万富豪，但穿得像个捡垃圾的，聊天时愤愤不平地说，某天，有个新客户来谈事，开始颇看不起自己，后来通过谈话，知道真实身份，姿态才放尊重。

我说，当然啦，有修养、见识多的人，开始应该隐藏住对你的轻视，人都有看走眼的时候，别因为这失误让自己难堪。

但是。重点来了。人的大脑很珍贵，运行也消耗能量，碰到的每件事都仔细推演，得出最合理的结论，那么，它就会过载，你甚至连一个最简单的决定也做不了，寸步难行。

在简单的事情上，大脑选择偷懒，直接借用大多数接受的成见，不浪费大脑的功能。

衣冠取人，就是常被借用的成见之一。这句话贬义，常用来形容庸俗之人的势利眼，只看外表，不看内在。甚至有人反其道而行之，故意穿得破破烂烂，最后展示实力，让势利小人赔笑脸。

这么做有意思吗？一点意思都没有。你把精力放在教育“势利小人”身上，你是有多闲？而且，无论你怎么教育，大脑的运行规律是不变的，一千年一万年以后，人还是习惯衣冠取人。

正确的做法是，尊重“衣冠取人”这个规律，它害你吗？没有，它只是要求你穿得清爽体面一点。

我们每天见的人，很多都是临终见面，即意味着一生再也不见第二次了，这些陌生人给你几秒钟、几十秒钟，或者多达几分钟的关注，你不是应该感谢他们给机会吗？面试者、顾客、服务生、潜在的合作伙伴、未来的朋友，甚至是可能的配偶，我不能以最好的样子出现在你面前，是我失误，不是你势利。

要求他人花数倍数十倍的时间了解你的思想和实力，你为什么认为自己这么重要？别人的时间就不值钱？

衣冠取人并没有要求你一小年轻也全身名牌，你穿得整洁和得体，就给人好印象。也不需要品位多高，男生的话，西装、衬衫、领带；衬衫、牛仔裤；T恤、牛仔裤，几乎可以包打天下了。

还记得年轻时很穷，只有几件衬衫，但我老婆经常得意地回忆，就是在那时，你每天出门，我也保证你的衬衫是刚换的、是刚烫的——是的，贫穷的青年时光，不一定是苦涩的，当有甜蜜的态度时，可能就是甜蜜的。她现在给我买衣服，再贵都不眨眼，经常买到我要摁住她：别一次买这么多。但最常想起的画面，还是她二十多岁时，给我烫那几件衬衫的身影。

我爱一个人，一定希望他穿得清爽，让人凭衣冠就喜欢他；我爱自己，也一定希望自己穿得清爽。

我要穿得干净、得体，甚至有品位，这不是简单的事，它将引发一系列的自律：

1. 你得及时洗衣服。所以，你变得勤快了。

2. 你得早起。要求衣服干净的人，一定会要求自己干净，出门前洗个澡是必须的。

3. 你将变得慷慨。衣服只求保温蔽体的功能，脏点、破点都没关系，功能仍在。它得体现一个人的尊严和形象，你就不会在衣服上吝啬，你也不会在家人的衣服上吝啬。

4. 你学会浪费*，淘汰不想穿的衣服，即使是新的，也顺理成章。

5. 你学会尊重专业。是的，你自己买块布，踩踩缝纫机，也能搞出一件衣服，但是相信我，专业人士，同样一块布做的衣服，比你的贵一百倍，并没有欺负你。

6. 你的审美必然提升。你琢磨怎么得体时，审美就开始进

---

* 参见2016年11月14日连岳公众号《学会浪费》一文。

化了。

7. 你必然在意自己的身材。身材走形了，穿衣服不容易好看，这点会逼你去健身，逼你在饮食上节制。

你看，一个人若是始终衣着干净得体，怎么会是表象呢，它宣告了一个健康得体的系统在后面支撑，这样的人，给他尊重，高看他一眼，怎么会错呢。

结论是：衣冠取人这成见，不仅不应反感，反而应该顺应。

孩子，你的时间不多了

年轻的时候，总认为时间多。这符合直觉，毕竟离死亡远，时间比年纪大的人多。

这是个天大的错觉。如果你现在是一个大学生，或刚刚工作的人，我最想对你说的一句话是：孩子，你的时间不多了。

我对平时几个比较亲近的孩子，常说的也是这句话：孩子，你的时间不多了。听不听得进，无所谓，这句话得放着，这种子先撒下，会不会发芽，有没可能成为他的理念，看造化吧。

大学高年级至职场新人，二十四岁左右吧。极少数天才不论，一般还处于啃父母资本阶段，工资收入也是最低一档，还是学徒层级，可替代性很强。谁都可以说你几句，你还不好回嘴，要用钱的地方不少，伸手的感觉又不太妙。

要理顺的矛盾很多：和父母理念不合，被断财路怎么办？恋爱分分合合，找不到意中人怎么办？房租怎么办？房子首付怎么办？业务老不长进怎么办？

这可能是你这辈子压力最大的阶段之一。流很多泪，吵很多架。意志力没有相应增加的人，将采取逃避措施，这些事太烦了，我不想它们，自然就过去了，反正时间有的是，我还年轻。

然后，三十岁来了。这时候，形势更可怕。再没骨气的人，这时向父母伸手，都得脸红。再没自尊的人，看同学一个个超越自己，也得嫉妒。这样的人，机会之门已经快要闭合，不出意外，日子越来越难。变坏，倒是一条出路，虽然我啃老，可我偏敢跟父母耍流氓，而且可以说：我之所以混得这么差，都是你们没教好！都是你们没背景！此时你一般有了配偶和孩子，他们往往也成了你的出气筒。亲人们能拿流氓怎么办呢，也就忍吧。

万一有工作，在公司，也学会了偷懒耍滑，留着你嘛，好像没什么用处，开除你嘛，又显得过于严厉。就让你混着吧。

你的人生从此在阴沟底保持稳定，接下来的时间很多，不过对你来说，这些时间已无意义，因为单位价值为零，为负数，所得还是零。

孩子，你的时间多吗？不多，机会窗口，也就十年左右。是有中年后发奋逆袭的例子，不过那是特例，轮不到你。

这不是危言耸听，人越早坚持，机会越多，越迟开始，越难翻身。常看我文章的孩子，可能会有焦虑感，正如昨天一位大三学生的留言：看完文章就会想拼命挣钱，在一切痛苦与悲哀后面，都看得到“缺钱”两个字。

这态度就对了。爱钱、尊重钱、想挣钱，这是年轻时就该确立的信条。没钱时不是去躲避，而是去工作，去想办法，迟早要做的事，得早做。

由此想到一事。一位北京的朋友，向我描述了她喜欢的一位小朋友的“遭遇”——在一公司，因为理念相投，抱着义工的心态拿着极低的工资，任劳任怨多年，最后离开时东家极冷漠，因此感到悲凉。

我跟她说，我倒认为是好事。东家狡诈一点，来点甜言蜜语，你又得当几年义工。正因为“悲凉”离开，才可以尽早找到好工作多赚点钱。

年轻人最容易犯的错误，就是去当义工，主题沾点书、文艺、慈善，免费都干得欢。这样你不觉得你浪费时间，好像有面子，似乎有理想，还看不起那些真在赚钱的“俗气”同龄人。

只有特定的一种情况，应该免费劳动，你还没足够资格进入心仪的行业时，免费劳动换取实习资格和接触机会，一可提升能力，二可展示能力，为未来铺路。暂时的免费实际不是免费，而是取得将来更高收入的观摩券或入场券。

年轻人时间少，一天都不能浪费。那种永远低薪的、看不到前景的行业，包装再多理想，老板再能扯淡，都不要去碰。

比你的同学更早开始，大大方方谈钱，想方设法赚钱，你已经领先。而且极可能领先一辈子。

送给高三毕业生的十一条

几年前一个我喜欢的小孩终于高中毕业，要读大学了。当时难免伪装一下长辈，胡扯几条建议。也许这些对别的孩子也有些用吧。

1. 你听到高考成绩，因为不符合你的预期，就开始哭。后来证明哭得太早了，在不知道成绩所处的位置时，哭和笑都没有坚实的基础，你还是上了自己想去的学校。就是真的失败了，也没必要哭。倒是很能确定，你以后一定会有失败的，每个人都是如此，人需要不停试错，才能学得新知，只有傻瓜才能逃避这个命运。日本的武士和欧洲的骑士，都希望自己输的时候，死的时候，能保持尊严。这两种职业，虽然早已消失，不过职业精神还很有价值，输，要输得有尊严。

2. 成功甚至不是人生的必需品，名和利，都是稀缺品，只能由少数人拥有。能得到当然不坏，可得不到也不必失落。你自己却近乎有自己百分之百的主权，你自己的感觉才是自己的必需品。

3. 不必成功不是说可以当猪，混吃等死。而是更专注于自己，这样无论在什么阶段，都不会和魔鬼签约。

4. 自己是个什么人，自己有什么潜力，自己处在什么位置才最舒服，这些需要永不停止的自我教育和自我对话才能找到，这个寻找的过程本身也是一种快乐，就像走迷宫，就像迷失在你没走过的小巷。漫游没有目标，也不是争第一，没有成功与失败之说，可它充满了乐趣，我觉得这才是比较适合人生的比喻。

5. 养成阅读的习惯。阅读是人类精神遗产唯一认可的继承方法。不阅读，人可以活得很简陋，从零开始，活到八十岁；阅读，可以活得很丰富，从零开始，活足五千岁，时间是有密度的，方法只有通过阅读。

6. 学好英语，无法好到当工作语言，至少基本的听说读写要过关，英语现在是世界语言，资讯及观点的富矿区，而且是一门不需要审核的语言，它是翅膀，想飞就得有。

7. 不求速成，不相信速成。一门手艺或学问，没有十来年的时间，可能很难精通，慢慢来，不跑得太快太累，也不停得太久太懒，有前行的节奏即可。

8. 保留自己的空间，再好的朋友都保持距离。无论看到多美多强的人，都别想成为第二个他。记住弗洛姆说的：每一个人都不应作为别人的复制品而生，拥有自我生活的权利，是人格独立的意义。不要当跟班，更不要让别人当你的跟班。

9. 切忌只凭一句话、一些片断信息就下结论，尽量多地搜集信息，尽可能站在不同的立场想想问题，嘴太快太杂，于公是毫无价值的噪声，于私是人人厌恶的八婆，眼神会浑浊，气质会变差。

10. 不要由于同龄人的喜好，或因从众而酗酒或嗑药，这样取得的暂时快乐要以清醒后的抑郁作为补偿，得不偿失。自然而然得到的快乐才是快乐。要敢于拒绝。敢拒绝才酷。

11. 每周至少要休息一天。

发财之路从来不会出现太早

连老师：

您好！

我是一个三年级的小学生，我想成为富翁，请问需要具备什么条件呢？谢谢！

苗条

* * *

苗条：

一般来说，很多人听到三年级小学生的富翁梦，都会觉得好笑，甚至觉得不正当。但我听了很开心，你提了一个很好的问题，财富教育是基础教育中最缺失的一块，多数人只能成年后进入社会自行学习，那时候，迟了一点，许多对财富的偏见过深，很难纠正，将极大地阻挠自己得到财富。

你已经开始富翁之路了。成为富翁的第一步，就是想成为富翁。如果不想，或者压抑自己的想法，成功率就会下降很多。中国开始改革开放，第一步就是释放人们的财富梦想，“致富光荣”是当时响亮的口号，成为万元户（相当于现在的几百万元）还能上报纸成为新闻人物，获得政府的表彰。理念有了，行动就更容易。人的本性想发财，想过好日子，不敢承认，自我否定，那会精神分裂。

当然，从想到实现，中间隔着非常远的距离。多数人的财富之路，都是积累本金，投资，获得投资收益，逐渐滚动变大的，时间是很重要的因素，一个人的健康，就是其重要的资本。你从现在开始，养成锻炼的习惯，成为一个运动好手，这不仅很酷，也是在积累资本。饮食均衡健康，学校旁边一些来路不明的零食，不要去碰。

财富需要能力。中国古人说，书中自有黄金屋。意思就是从教育中获得的能力，可以让一个人致富。现在是知识社会，知识的更新迭代非常快，对学习能力的要求更高。教育中的优胜者，更有可能成为财富上的优胜者。一个人不学习，可能理解不了概率，无法掌握因果律，不能及时纠正自己的错误，也更没有耐心。财富不太可能看得上他们，意外发了财，他们也守护不了自己的财富。所以，好好学习吧。学习得到的不仅是分数，这些分数将来会变成财富。

最重要的是，财富需要一个人有信用，说话算话，人品过关。否则，交易就很难完成，也不可能有高质量的合作伙伴。有些骗子，有些偷鸡摸狗的家伙，暂时得逞，但一定要知道，那并不持久。只有信用，才能让你长久保有财富，你才能享受到财富。

有意思的是，处于你这个年纪的小朋友，是最不讲信用的人群。说好最后玩十分钟，玩了一小时，被纠正还会生气翻脸（似乎违约还挺有理）；父母老师一不留神，就随便应付作业，偷玩游戏；轻易地下决心、许诺，但更加轻易地忘掉决心与诺言。这些事情也会发生在你身上，不必害怕，因为这也是你当前重要的学习内容，没有小朋友天生讲信用，人天生都爱偷懒与耍赖。当你自我约束的能力加强，自己应该完成的任务无须他人监督，你的承诺都做得到，那你就得到了最重要的财富技能。你可能已经制订了自己的暑假计划，高质量完成它，借此学习信用。

祝你暑假开心。

连岳

当好普通人，不易

连岳叔叔：

您好！

我觉得每个年轻人都不愿意承认自己就是一个普通人，也不会甘心这辈子当一个普通人吧。

我（高中）的学习生涯，枯燥乏味，毫无意义。

我觉得正是以前的学习经历，导致我上了大学之后，对学习和教科书很反感很厌恶。我觉得课本对以后毫无用处，它们既不能教我做人做事，也不能教我思考，唯一的作用就是把你困在分数里，摧毁你的思想，把你驯化，就像《动物庄园》里的动物一样。

我很焦虑，一方面不甘心自己这辈子做个普通人，另一方面心中隐隐已经绝望，觉得这个世界权力和财富横行，贫民子弟上升的通路基本堵塞。

请问我怎么让自己甘心好好学课本，毕竟以后想深造还是要看成绩。还有，我的焦虑对还是不对，我是不是应该接受自己以后就是个普通人的事实，不要想那么多。

想听听连岳叔叔的看法。谢谢叔叔。

一个二十岁的大二女生

* * *

一个二十岁的大二女生：

我也是一个普通人，所以无法指导你怎么当一个不普通的人，不过，从逻辑推理来看，似乎可以得出这样的结论：

一个人之所以出色，那意味着出身、门第、阶层、学校教育等等限制，是阻挠不了他的。渴望出色的你，自然不会被这些因素吓到。

以我看来，除了超级自恋狂，绝大多数人（包括年轻人），往往承认自己是普通人，也甘心一辈子当一个普通人。我也是其中的一个。

从概率来看，99.999999%的人是普通人，改变世界的天才，几代人里，全球就那么几个人，人很难有机会“不普通”。

一个资质一般的人，硬要以为自己“不普通”，往往是痛苦之源，焦虑、愤怒、嫉妒源源不断：我这么普通，都是因为别人阻拦。

是父母的错，是孩子的错，是教育的错，是财富的错，是老板的错，是时代的错，是情人的错……所以，我成为一个普通人。也许这些抱怨都有一点点道理，重复得多了，你慢慢坚信不疑，从一个抱怨的年轻人，变成一个抱怨的老家伙，到死那天，才闭上了嘴，享受到平静。

这世界最公平的地方在于：天才是一生，普通人也是一生，天才所有的乐趣，普通人也能得到。

所以，不是说普通人就得自暴自弃，混吃等死。幸福、富足与快乐，长久来看，与你的努力与德行是匹配的——这样的普通人并不好当，依我看来，至少得做到以下几点：

有立身之本，也就是你能赚到钱。你通过学习与训练，掌握了比较难替代的本事——不一定高大上，一位出色的前台或秘书，也很难替代。

情绪稳定。你能克制，不大起大落，大悲大喜，今天一个主意，明天又一个做法，人生永远动荡，永远简陋。更别放纵自己的嫉妒与仇恨，那将浪费你有限的脑力，因为你得掩饰与美化自己的动机，你还得将比你强、比你阔的人形容得很坏。

有耐心做一件事。二十出头，什么也没有，这是正常的。你想要的，技能、财富，或你说的思想和不普通，只有靠缓慢的积累，才能得到。

眼高手低，纸上谈兵，好吃懒做的不称职的普通人太多了，你能先当好一个普通人，已经是了不起的成就，至少战胜了全国60%的普通人。

祝开心。

连岳

4

世界有恶意，但你会长大

强大的人更有能力爱自己爱他人。

人人都得哭

连叔:

上完班回到出租房，舍友都去上班了。今天是工作的第三天，这三天的工作强度工作压力都很大，说是实习生但是要我们承担的东西仍然很多，不到一个礼拜时间就要像正式员工一样被对待，所以这几天都是高强度学习记忆。

从大半年疫情中的居家日子一下子过渡到上班远离家人的生活，也许我还没适应过来吧。回到出租屋，拿起我的计划小本，准备好好利用下班后的时间时，终于憋不住了，一下子号啕大哭起来，哭了大概十几分钟心里舒缓了很多，也想不明白我的压力到底源自哪里，稍微平复了一下心情去拿了个快递回来洗澡的时候又再一次崩溃了。我是在后悔，我后悔有本科不读读了大专，我后悔没有把握最后一次机会，我后悔自己那时的年少无知，我后悔选了现在的工作如今却又没有放弃的勇气！这所有的所有都归因于对自己现在工作的不满意，以至于这篇文章也都是流着泪写完的。

我想转行，我希望通过学习许多技能来改变自己的生活，于是乎我每天都想把计划排得满满的，把时间规划得充实，好让自己没有愧疚感。可是到这一刻才发现，我所谓的那些计划好像也没有给自己带来些什么，还是每天重复着那一份我不喜欢的工作，那一种我不想要的日子。我现在可以考虑去提升学历吗？比如说插本，或者考研。望连叔可以回复。

一个无助的毕业生

* * *

一个无助的毕业生：

先恭喜你，今年工作不好找，甚至实习的机会也难得。由此形成连锁反应，每年积压一些失业者，接下来几年就业形势都严峻，今年领先一步，就意味着可以领先几年。看来你当年选择专业还是有眼光的（或者运气不错）。符合市场的需求，专科照样有工作，否则的话，博士也得发愁没工作。

实习期一般是雇主对新员工的考核期，时间很短，主要目的是测试员工能否达到基本要求，从德到才，全面考核一下。这注定了实习期并不轻松，必然按正式员工的标准要求你，不然怎么叫实习期呢？甚至要求还会高一些，测试出你的极限能力。60分就能录用，压一压，你跑出100分，对你更有信心，你撑死只能跑60分，常规状态下就不易合格。

所以，你现在承受的压力是正常的。你下班后，拿了快递，洗了澡，哭了两次，还写了这么长的留言，说明工作强度恰当。真是累到极点，倒头就睡了，没有这么丰富的业余生活。不是说你不能哭，可以，爱哭有个好处，情绪不容易压抑，也是一个比较直观的判断标准，你哭得少了，不哭了，那证明你适应了新生活。

让你这次哭，并不是针对你是专科生，不过是人生进入新阶段的压力体现。你是本科生、研究生，也一样要哭，甚至哭得更厉害，学历高，相应的要求也高。只是，有些人的眼泪是无形的，他们未必哭出来，表面很淡定，内心承受的压力和你是一样的。这是每个人必经的人生阶段，就像青春痘，你再不喜欢，也得长几粒。

人确实要不停地学习，这不是想不想的问题，这是知识社会的硬性要求，不然要掉队。学习可以提升学历，你以后可以拿本科、研究生文凭，但学习更多体现在工作中的成长，今天有问题给压力，哭一会，明天解决问题，长一点知识。能在工作中成长，你学历低，一直是专科，重要性与收入也能不停提升。不能在工作中成长，就是博士，人生也得失败，哭到天荒地老。

你现在最重要的学习，就是接受工作的挑战，哭完继续去上班。记住，大家都要哭的，你先哭，就是领先。

祝开心。

连岳

掌握“资源有限”思维法，痛苦少掉大半

昨天有个读大二的孩子说，他想专升本，要报个两万多元的辅导班，而家里只靠父亲一人的收入支撑，还有弟弟在读书，钱很紧，不同意出这个钱，于是他和父母吵了一架。

正在求学的小朋友，容易犯一个错误，以为资源是无限的。无论一个人想得到什么，都得付出成本，这成本就得耗费资源。资源最主要的体现方式就是钱。想象一下，如果一个人有无限多的钱，除了不能战胜死亡，做不到的事情少之又少，只有专科文凭也没有关系，大把花钱的话，什么文凭都有。

遗憾的是，人的钱都是有限的。马云、马化腾的钱也是有限的。工薪阶层的钱，更是得算计着花。算计的原则就是钱要花在最重要的地方。

一个家庭，最重要的事情是什么？是生存。先满足基本的生

活保障，不仅要考虑今天的生存，还有明天的，退休后的。钱到手就随便花光，甚至负债过日子，这都是不负责任的生活。家庭的风险大，没有未来。一个孩子明白家庭的生存高于自己的教育，这孩子就真的长大了。花两万元报个辅导班，代价是父母弟弟的生活出现危机。这种想法，根本就不应该出现，更别说去和父母吵了。

孩子可能会觉得委屈，吵架也蕴含了深层的指责：为什么我的家这么穷？为什么父母赚钱的能力这么差？别人家，随便能给两万元。其实，这也是在犯“无限资源”的错误，觉得自己只要有“更好的父母”，难题就迎刃而解，越想越生气。但是人一出生，父母就无法更改，接受这个有限性，怨气就少。接受不可改变之事，痛苦就少了一大半。孩子要接受不够强的父母，父母也得接受不够强的孩子。不然的话，孩子嫌父母拿不出两万元，父母嫌孩子考不上北大清华，双方都难受。

中国人非常重视教育，这是中国最大的竞争力。但一定要避免在教育上孤注一掷，不惜代价，这种赌博式的念头一起来，别说两万元，就是有两百万存款的家底，也能掏空。教育消费，无上限，两百万，在纽约伦敦东京，能花多久？世上很多大学，抓住中国人这个特点，以营利为目的，钱交够了，给你一张文凭，你是不是有真本事，让雇主去判断吧。

没有真本事，漂亮的文凭也帮不了自己，一做事就露馅，工作都保不住。此时有了文凭这个面子，“低端”的活又不愿意做。消耗一个家庭的资源，换来一个绣花枕头，教育不仅无法完成进化与跃升的任务，反而成为退步与衰败的原因。

教育不能忘了孔夫子最重要的发现：因材施教。在资源投入之前，先得评估他是一块什么材料。材质太差，孔夫子也没办法，也会感叹：烂泥扶不上墙。

因材施教，也说明每个人的成长路径不同，认识自己，走适合自己的路，这才能发挥自己最大的潜力。现在是专科生，那建议你看看生活中那些专科文凭以下的、成功富足的人，他们的路对你更有启示。这不是说你不可以专升本，而是说，你的眼界会打开，知道幸福的路有万千条，别只盯着文凭。

写在这个有点挫败感的儿童节

今年你的六一儿童节比较特殊。你的学习节奏全打乱了，可能刚回学校。

最近的学习，你可能经受了许多挫败，教学方式的临时改变，一个人在家自学那么久，你或许发现自己不如原来那么优秀，一些好习惯消失了，一些知识忘记了，甚至脾气也变坏。你觉得只有自己如此，未免沮丧，觉得自己太差劲。

其实这种挫败是普通的，你的许多同学也是如此。意外的疫情影响了所有人，包括你的父母，如果他们的工作受影响，收入下降，他们内心也焦虑，只不过，大人们已经不愿意表现得软弱，你看不出来而已。或者，他们会以错误的方式释放焦虑，比如不耐烦，轻率地批评你，这时候你要知道，他们有压力。我并不是说他们这么做是对的，而是说，如果你理解大人们内在也有软弱，你将同情他们，你不再觉得自己那么委屈。能体谅他人的难处，是长大的重要标志，也是做事更聪明的重要方法。

孩子并不是单纯地被环境影响，似乎决定权都在大人，孩子也能影响环境，你的微笑，你主动的一个拥抱，可以安慰与鼓励内心正在软弱的父母。从被动接受到主动改变，人就完全不同了。在挫败出现时，你不再被动地烦躁与逃避，导致挫败越来越大。你将主动迎战，知识忘了，再学好，好习惯丢了，再养成，这次挫败就消失了。这种进进退退的角力，是学习的常态，挫败练出你的力量与韧性。但可惜的是，当孩子时，我们并不容易明白这个道理，因为孩子毕竟没有生存压力，被挫败打跑，也有吃有住，有游戏玩。在这个阶段，我们容易养成逃跑主义，难题不会，不想了，以为过几天自然会，成绩下滑，不管它，到下次考试再担心，甚至父母老师对你越灰心丧气你越觉得解脱：以后他们就不再批评我了。

逃跑主义逃不成胜利，即使是孩子，你应该也有所体会，父母师长对你失望，你感觉到冷，被抛弃，一点也不开心。这个习惯带到成年，你更会生活在惶恐之中，很难得到美好的生活。你悄悄喜欢的那个女同学，并不可能喜欢你；你羡慕的好工作，你连应聘资格都没有；你渴望的尊重与荣耀，一点不给你，因为过于渴望，反而会变得浮夸与虚荣，假装自己有这一切。你现在最讨厌的大人，你就将变成他的模样，这是多么令人伤感的事。

你现在面临小挫败时，不仅不应沮丧，反而要有点迎战的小兴奋。求学时代的战役是人生中最好打的，已有一整套磨炼过的教学体系，还有逐步教授与监督你的师长，你无须做复杂的选择与判断，只要主动跟着指导一步步走下去，认真听课，仔细做作业，不懂的弄懂，就不会变成逃跑者。即使成绩没有达到理想状态，意志力也会达到理想状态，将来你不会畏惧任何挑战，屡败屡战，在属于你的战役出现时，最终成为胜利者。

祝你六一儿童节快乐。

当我们成熟时，就得为理想而活

人生总有黑暗期，把世界想得特别坏，这也算是认知的一个阶段。与一般人想象的相反，它往往发生在青春时期。

正如一位十八岁青年的留言，其中有这样的语句：

“我若要想去追求绝对的理想主义，我的道路只有一条，走向毁灭。”

“我觉得真正的理想主义、绝对的理想主义它应该是容不得现实中那么多的丑恶吧？”

这位少年的父母看了会慌张。可能就要反省自己做得不足，以至于让孩子有什么心理创伤。我觉得没必要，我们都经历过十八岁，也曾对世界放过这些狠话。在那个时间段，世界是对我们最好的，生活有人供养，每天也就读读书，或许还开始了恋爱。对世界的这些黑暗想法，感觉完全是恩将仇报。

这其实是对独立的害怕。人生每进入一个新的阶段，要离开之前的舒适区，总是会害怕的。就像小朋友第一次去幼儿园，哭得天昏地暗，仿佛生离死别。

十八岁的孩子进入真实的世界，不好意思哭，只好放狠话，视角特别黑暗，诬告这个世界要吃了他。有人过了这个阶段，很懊恼，哎呀，我原来怎么这么幼稚，又爱拗造型，想想都脸红。其实这经历让人知道自己更曲折的表达方式：一个人处于恐惧、无能与无力的状态下，往往就要找个替罪羊，将情绪发泄在他身上。八岁是哭诉父母，十八岁时是谴责世界的黑暗，二十八岁开始有伴侣可怨，三十八岁就得责怪八岁的孩子不争气。

人必然要经历幼稚，走出幼稚的时间短点就行，否则，黑暗情绪就会一直延续，毁掉自己的一生。

当我们年轻时，可以为理想去死。而当我们成熟，我们就得为理想而活。早点成熟吧。最好在三十岁以前。

值得庆幸的是，生命的本能让年轻人终究还是保命的，不会轻易去死。对于人来说，命是最重要的，如果理想让人一定要放弃生命，它就在剥夺人最宝贵的东西，沦为最大的毁灭者。在逻辑上也不通：伟大的理想是让理想主义者都死掉，这不是让对手不战而胜吗？

当然，都听逻辑的，人就不是人了。少年的黑暗时光，多少都要经历，你如果正处于这个阶段，我建议你实行罗素先生的投降法：多么黑暗的力量，都撑不久，我们比它活得久就好了，不如先投降吧。所以，你认为世界很黑暗，现实很凄凉，那好，先不硬干，忍耐一下，看谁命长。罗素先生的话当然是开玩笑，但方法论极其正确，你要活着，才有其他一切可能。他还严肃地表达过同样的意思：我不会为理想牺牲，万一，这理想错了呢？罗素活了九十八岁，可能和他这种好心态有关系吧。

一个十八岁的青年，认为世界一片黑暗的同时，我建议你谈谈恋爱，如果还在接受父母赞助，那完成他们的要求，比如把书读好，契约精神都没有，怎么好意思批判？随着年龄的增长，找份工作，认真赚点钱，有钱了，就享受一下生活，那时候，你忽然觉得，花花世界，美不胜收，自己也为这个美好的世界尽了一点力，挺好的。

理想主义者，最大的忌讳就是苦哈哈，惨兮兮，那样一点没有说服力，理想主义者，应该力争快乐、健康、富足，这样才能当理想的代言人。

最爽的还击，就是证明否定你的人错了

我常描述理想的世界、理想的社会是什么，理想的企业是什么，理想的学校是什么，理想的家庭又是什么。

常有人悲叹，理想的世界不可能存在，说了有什么用呢？

我的想法正相反：我建议你在做一件事之前，先想象其理想状态。这样有意外之喜。

比如理想的世界，没有盗窃抢劫这种侵犯身体与财产的事，人人自愿遵守规则。但现实永远可能存在盗窃抢劫，只是数量会越来越少，越来越趋近于理想的世界。

如果认为盗窃抢劫永远都有，就认为它们是正常的，那我们就会慢慢失去是非观，慢慢习惯盗窃抢劫。比如强抢富人的财富分配给穷人，就是抢劫；强迫他人免费劳动，就是奴役；但是这些事经常大规模发生，变成了“正义”或“奉献”。

一个人的成熟，不是放弃理想，而是心中永远有理想，无论所处的环境如何变化，他有理想世界的蓝图，就不会随波逐流。

说得勇猛一点，是“虽千万人吾往矣”。

说得实际一点，是“为了理想可以卑贱地活着”。

总之，身边的人即使都否定你，你也知道自己的坚持是对的，这是一种非常踏实的感觉，这也是理想给人带来的意义。

我甚至觉得，这是一个人的核心竞争力，这样才可以成为自己的主人。人都渴望他人的认可，意志力弱的人，或者孩子，你会发现，为了得到认可，他们甚至可以放弃自我。软弱、顺从、虚荣、不会拒绝，愿意承受这些痛苦的人，主要是为了得到他人的认可。

在孩子身上，甚至会出现“按照否定者塑造自己”的现象，当孩子喜欢的、依赖的、尊重的人不公正地否定他们时，他们就开启自毁模式，这是理想破灭的失望，也是孩子分不清理想与现实付出的代价，正如这则留言描述的：

徐玉凤

说说我的初三班主任老师，一个让我说不上是爱还是恨，但绝对终生难忘的老师。从上学到初三开学之前，自己一直是那个不认真听讲没有好好学习过的孩子，因为不认真，所以自然成绩也就没好过，就这样初二分重点普通班时，自然而然地分到了普通班。到现在清晰记得初三开学前走到教室窗后那一刻的幡然醒悟，脑海中忽然冒出一个想法，生在山高皇帝远偏远小村庄的我，再不好好学习，学生生涯就结束了。从此认真听讲，努力学习。鉴于本来就是普通班，大概也就是两个月的时间，成绩就稳居班里前三，虽然说是普通班，因为有了前三的成绩，于是信心满满的我在一个晚自习的课间，鼓足勇气去问班主任，就现在的我，如果继续努力能考个什么高中？老师不紧不慢地告诉我，再努力也就考个贾悦五中。那是一所我们那里最最不好的高中。因为老师这句话，第二天我就退学了。
家里大哥和外甥都是老师，我不止一次跟他们说，无论你的学生成绩有多差，你们都要给予鼓励，因为很多时候，老师的话真的可能会影响人的一生！虽然现在的我也活成了自己曾经想要的样子，这些年买车买房，开公司，坚持学习。但是没有参加考试的那种遗憾，到现在想起来都心痛。

更重要的是教育孩子不要因为老师一句错话就放弃自己。

理想的老师是不会如此打击孩子的。但现实是，多数孩子一定会被老师打击几次，一被打击就崩溃，甚至退学的孩子，多年以后回想起来，可能都会后悔，最理性的反应是，你认为我不行，我就证明给你看。

我认为这一课，更多需要父母教。

首先，父母应该是敢于认错的人，知道自己错怪孩子（这肯定会发生的），不要嘴硬，这让孩子知道，错误是可以纠正的，我被人冤枉，在过了冷静期之后，公正会到来。当然了，很多情况下，被错怪未必等来公正，尤其是被老师讽刺挖苦几句，等不来道歉的，但至少避免了冲动下做决定，比如当即就退学，大多数委屈，时间一稀释，就是小事，抗击打能力，就慢慢加强了。

还有，家长应该是能够倾听的，这样才能听到孩子的委屈，你才能看到现实发生在他身上的错误，你也才有机会告诉他如何面对现实的世界，你只要告诉他你当年是如何被委屈的，你是如何应对的，就有莫大的帮助，即使你当年做错了，比如因为憎恨一位老师放弃了一门学科，孩子也能感受到理解，并避免犯同样的错误。

或许不少看这篇文章的孩子，会遇上糟糕的老师，也没有家长可以倾诉，心情很沮丧，我想对他们说，最爽的还击，就是证明否定你的人错了，现实世界里，有很多烂人烂事，这不是证明理想错了，这证明理想很珍贵，你得先赢他们。

孩子，忍耐一下，成长需要时间

人，从个体到总体，某种程度上说，是依靠运气生存的。

从总体上说，改变我们生活的技术与制度，可能是某些天才的灵光一现，图灵、乔布斯、邓小平，天才无法大规模产出，只是意外，不过，由于人类数十亿计的基数，就是十亿分之一的概率，天才也不会少，他们将源源不断地造福人类。这就像进化的突变，某些个体出现了质量的飞跃，迅速蔓延到了种群的全部。

从个体说，一个人的幸福度，别的不说，降生在某个家庭就很重要。比如深圳虐童事件中被虐的女童，她的运气就特别差。同理，父母得到什么孩子，也有运气，有的父母尽心尽力，循循善诱，但孩子就是顽劣不堪，甚至大奸大恶，也存在一定比例天生的坏人，碰上了，很倒霉。

不理解运气，也不会理解概率，更理解不了世界的运行方式。类似深圳虐童事件发生后，总有人以为一项政策、一个指令、一篇文章，从此虐童事件就能从人类生活中消失，如果没有这样的速效神药，他们就会气急败坏。这种人看起来急公好义，其实也是暴力思维，以为发脾气能解决一切问题，虐待孩子的父母，也是这种心态。

悲观地说，虐待孩子的父母将一直存在，虐童事件也时不时会暴露，因为总有些素质差的人当了父母，这类似于有些婚姻将走向家暴，总有一定比例的。

孩子本应得到父母的爱，不仅没得到，还被虐待，这是双重不幸。这只能是永远的遗憾，父母之爱没有任何人可以替代，没有就是没有，就像一个人天生没有高个子，天生没有高智商一样。

这些孩子的出路在哪里？一时冲动的好心人，暂时介入的权力，都无法根本改变他的处境，就像昨天一位朋友更深入的思考一样，这个家庭的经济状况将会变差：

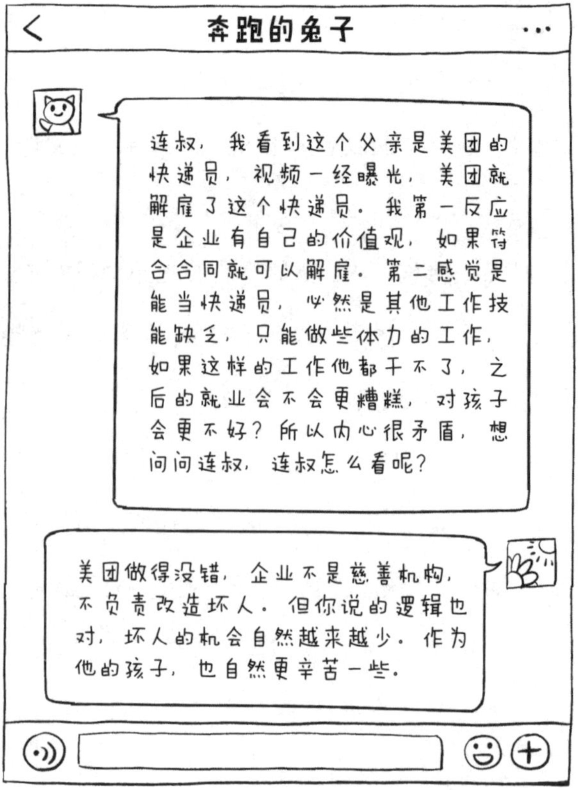

这位失去工作的父亲，会不会更变态？谁也不知道，我们只能盼望他洗心革面。

这些孩子真的只能靠自己，靠时间。在忍耐中成长。

人在创伤中成长的能力很强，这些孩子从小见识了人性之恶，没有什么幻想，未尝不是一种认知资源，他们特别渴望独立，特别渴望有能力后离开残酷的父母，这都是强烈的生长动力。

他们带着对父母的报复心生长是正当的，被虐待不想着复仇，这不符合人性，劝他们要原谅父母、要无条件爱父母，那很虚伪，那也是虐待他们。我理解他们抱有报复心，这是人性的力量，这也是生长的力量。

有意思的是，这些孩子长大后，他们体会到成长的乐趣，有了自己幸福的生活，他们基本不会报复曾经虐待他们的父母，最多只是无视罢了。成长、成功与幸福，将大大增加一个人的宽容度，你曾经受到的伤害，也会稀释得无足轻重，完全失去了报复的欲望。

发展才是硬道理。对一个人，对一个国家，都是硬道理。

孩子，忍耐一会，等你长大，掌握自己的命运，就再也没人可以伤害你。因为受过伤，所以尤其要活得好一点。

致孩子

孩子:

今天是六一儿童节。

很多人说,儿童时光是人生最快乐的。这句话是错的。

再过十多年,你长大了,你会发现,那时候更快乐。

未来比现在更好。你要记住这句话,像信仰一样,你要当一个乐观的人。

因为在成长过程中,难免遇上沮丧的事,你身边会有悲观失望的人,人们也爱谈论不好的消息,怀旧的人老觉得过去更好,这些都会磨损人的朝气,像慢性疾病一样感染你,你如果没有抵抗力,就会认同他们,觉得世界糟透了,未来很可怕。

未来比现在更好,放心,等你长大了,现在昂贵的东西更便宜了,有更多的新技术、新产品出现,你的生活更加舒适,世界会更加高效和富裕。这规律是自工业革命以来,得到验证的,虽然,这几百年来，每天都会有坏消息，但没有改变规律，坏消息就像大河表面的几块垃圾，无法改变大河的流向与壮美。

你说不定就是改变人类未来的人，而且，你肯定是改变你自己的人。

我并没有忘记自己是儿童的当年，我知道，多数时间，是辛苦的，是充满压力的。你现在也一样，我不会猜错。因为所有孩子的处境都是一样的，他们正处于漫长学习期的开始。

我不是说，不要辛苦与压力，也不是说，能找到魔法让辛苦与压力消失，而是说，作为人，作为会学习的动物，辛苦与压力是必然的，你一入学，它们就开始陪伴你。

人的本能，将逃避辛苦与压力。你偶尔偷懒、拖拉，有时候不想上学，都是这本能的体现。你可能会遇上一些孩子，他们太害怕辛苦与压力，最后彻底放弃了，家长老师也拿他们没办法，他们可以成天玩，但他们恰恰是辛苦与压力的奴隶，他们没有经历过成长的考验，一生都是这种游荡捣乱的孩子，最后，连他们的孩子都会嫌弃他们，得不到人的尊重，成为世上的多余人，是很痛苦的。

成长的关键内容之一，就是战胜这种逃避本能。最后驯化辛苦与压力。

从你读小学开始算，到你大学毕业，需要十六年时间学习。

为什么需要这么久？为何让你经历太多次失利与挫折？这可能是因为，有些本事，就是需要这么久的训练才能得到。在十六年之后，你才能够在没有任何外在考试的情况下，继续学习。到了你像你爸妈现在那么大时，生活中照样有辛苦与压力，可是你已经不怕了。

学习时间这么长，一些小事情做好了，每天都在增加一点点优势，结果大不同。成就多数时候并不需要你特别聪明。

首先就是健康。身体太弱，老生病，就很难坚持。所以，饮食要合理，保持自己的标准体重，不要变成胖子，变胖了，想办法慢慢减下来。多锻炼，让自己健壮有力。

其次就是情绪平稳，遇事不要大喊大叫，大哭大闹，这样得来的东西很有限，只有你父母被你烦透了，才会屈服，你出门这么做，人家就当你发疯，格外小瞧你。

还有一点就是，不要嫉妒你的同学，嫉妒心是毁掉最多人的情绪，它让人主动疏远强者，切断了自己向他们学习，与他们合作的途径，强烈的嫉妒心让你只能和比自己更弱的人玩，而且他们还永远不能变强，这样的弱鸡联盟，天天在一起说人坏话，只会让你越来越弱。要在公平竞争中向对手挑战，也要学会欣赏祝贺优胜者，也是他们，让你发现自己需要补强的地方。

这些事情谁都做得到，一点都不难。而且只要开始，就会有收获，好比你现在马上做几个俯卧撑，力量就有极细微的增长。从这点来看，学习并不是特别难的事，它只是一再重复微小的正确的事，时间足够长了之后，你会得到你想得到的。

祝你今天快乐。要记住，今天之后，你和世界都会变得更好，要坚信这点。不要害怕辛苦和压力，它们是你用来交换成就的筹码，加油。

我为资质一般的穷孩子设定的求学工作计划

昨天有读者留言如下：

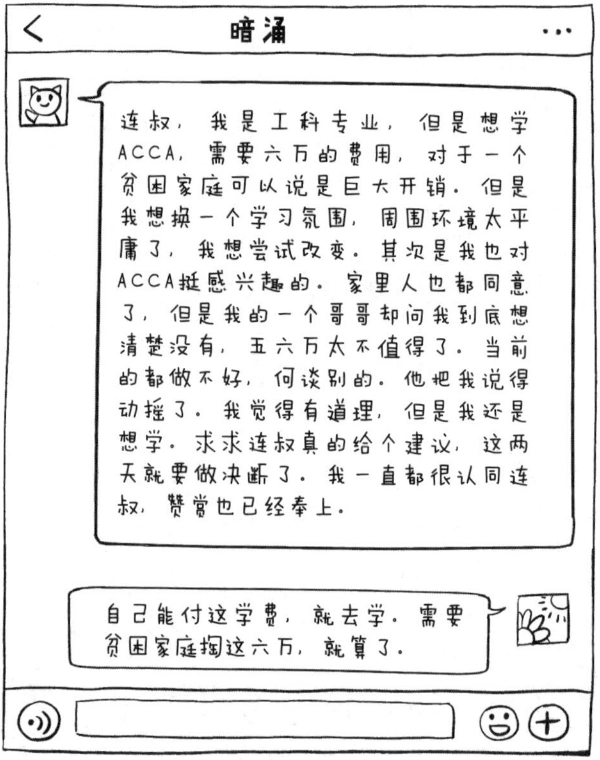

回复他之后，他又做了简单的补充：“还是觉得真遗憾啊，连叔，对于一个普通二本的学生来说从来没有这么大的野心，从来没有这么渴望。但是我相信连叔建议我的选择目前来说对我是最合适，最理智的。”

教育改变了很多人，想改变的人，从来没有停止过自我教育。人把自己训练成不停止的学习机器后，过得更好是必然的。

当一个人说我要继续读书时，几乎没有人敢反对他，尤其是贫困家庭的孩子，大家总是夸一句：真好学，有志气。这种风气其实也绑架了父母，他们只好乖乖出钱。

除了我。

很开心这孩子听了我的意见。但是，人生不是一次选择决定的，人生是一系列选择的汇总，当你不知道选择的原则时，选择就是随机事件，一次接着一次正确是不可能的。这个原则，在《孙子兵法》里叫作“道”，重要性排第一位，离开它，一切努力可能都是白费。

人做选择的“道”是什么？是选择有成本，成本应由成年人自己支付。这个原则建立后，选择就不难了。

教育是昂贵的。六万块对富人来说，小钱，所以富孩子，可以穷尽一切教育资源，全球游学。同样六万块对穷人来说，大钱，可能是好几年的积蓄，可能是救命钱，甚至是负债，把这钱全交给孩子去读ACCA，这相当于赌博。孩子强求父母出这笔钱，那真是太不考虑父母的难处。

同样是教育投资，富人教育与穷人教育是完全不同的产品，前者是市中心大平层，后者是廉租屋。这是客观存在的差距，否定这点，就像只有廉租屋的实力，硬要住豪宅，物业费都能把你搞破产。

穷人最理性的教育投资是什么？花最小的成本（包括时间和金钱），让孩子最快找到工作，这样才能尽早脱贫。

在教育上大投入，这是富裕的结果，并不是富裕的原因。因果倒置，学校教育就成了穷人的毒药，以为只要拼命投入，孩子读到博士，一夜命运改变，再也不会受穷。这就是无原则的选择，违背了“道”，如愿的可能性小之又小。

这位普通二本的穷孩子，想读ACCA，没错，他想读什么都没错。前提是，自己赚到学费，因为教育是富裕的结果，你付得起成本了，才可行。而让贫困的父母出这钱，那将导致父母更加贫穷。

给类似这样的穷孩子设计一条路径，应该是这样的：

1. 大学期间，尽量寻找兼职机会，比同学更早积累工作经验，更早有收入，自己开始赚钱，数额再小，都有强大的心理激励作用。

2. 大学毕业，赶紧出来找工作。继续教育已超出你的能力。工作与专业并无必然联系，对第一份工作的要求不要太高，你并没什么挑的资格，有工作对你来说，才是最重要的。

3. 不要去考公务员（穷孩子还特别好这一口），因为这又要花费时间与金钱，考上了，公务员的收入也无法缓解你家的贫穷。遗憾地告诉你，公务员也比较适合富贵人家的孩子，不求发财，物质不匮乏，更经得起权力的诱惑。

4. 多赚钱。不停尝试，你的特长就藏在能让你赚更多的钱的工作中，市场会折磨你，也会回馈你，它让你无法自我欺骗。

5. 现金流极其重要，牢记这点，做任何决定都不要脱离这点。

6. 家境不如人，学业不如人，这让人着急，但这只能缓慢改善，或许努力十年二十年之后才能赶上，这是你的命运，接受它，不要期望一步登天。

大学校园里，很多孩子是在混日子，或是以一种"上进"的姿态逃避工作，因为夹杂着青春与爱情，呈现出美好的表象，但这对穷孩子的毒害更大，你玩懒了，玩傻了，把父母玩得破产负债，就等于玩掉最后一点资源，再也没人可以帮你，你可能再无机会。

孩子，再熬几年

昨天看到一条令人伤感的新闻：

四川达州渠县的高三毕业生小斯（化名），6月10日失踪，13日在渠江发现其尸体。

10日晚8点，他在自己的QQ空间留下长篇文字，述说决定自杀的原因：他想得到父母的爱，却永远得不到。无论他怎么努力，面对的都是更严苛的要求。“自己考98分、吃饭打嗝、夹菜姿势不对等都会被骂”。

在遗书的结尾，他写道：“这不是写给我的家人的，反正以他们的思维，他们的角度与立场，我也跟他们说不清。我的尸体，要么烧了，要么扔了，别把我拿回去。心烦！……”

小斯的父母，并不是少数。有类似于小斯成长经历的孩子，也很多。

这些父母会生孩子，但他们并不会爱。他们本身可能就是恨的产物，或是失败者，对世界，对他人有各种不满，自身没有意识、没有能力化解生存与心理上的困境，唯一让他们有存在感、有权力感的就是控制自己的孩子。

他们急需一个超级优秀、超级听话的孩子证明自己的价值。而孩子的成长需要时间，就算是天才，也有失误、有失败、有不尽如人意。更别说资质一般的孩子了。而这成长规律，他们不承认，不接受，他们认为孩子必须满足自己的意愿，而且得像微波炉，马上见效，否则，控制欲得不到满足的他们就要抓狂，暴烈的情绪必须通过讽刺、辱骂和殴打孩子得以发泄。

这不是爱，这是恨，这是最持久的恨。就是集中营的看守，也无法持续对一个囚犯进行如此长期精确的迫害。

囚犯知道自己在受迫害，孩子并不知道，他们自降生那刻起，就视父母为依赖，他们生存的重心就是获得父母的认可与爱，这是不可抗拒的本能。当父母不爱他们，不认可他们——无论你有多少伪装，他们都可侦测出来——在这剧烈的情感中，孩子无法否定父母，被严苛对待的孩子更不敢。他们的选择是否定自己：既然父母不愿意爱自己，那么，一定是我做错了。自杀，就是彻底地否定自己。

很多孩子在如此成长的经历中，有过自杀的计划，庆幸的是，绝大多数没有勇气实施。这些幸存的孩子，有一部分选择精神死亡，或抑制自己的自由意志，无想法，无主见，一切唯父母的意志，永远听话，永远懂事，他们提供肉身，供父母的精神寄居；或者自毁，我变得超级烂、沦为最无能的人、永远最后一名，你反而不会来烦我，你甚至还会来疼我。

这些孩子，在小斯这个年纪，青春期，痛苦可能达到峰值。挺不过去的，就死了。肉体或精神上。

投胎和成长，都需要一点运气。

像小斯父母一样的父母，永远不会绝迹，永远都会占据一定的比例，这些人还会形成封闭的小宇宙，觉得自己才是好父母——你把这篇文章转给他们，他们一定暴跳如雷，然后更坚定自己的做法。

如果你是小斯，孩子，你只能指望你自己，不能指望你的父母突变，他们已是僵尸，不会变了。

孩子，我想对你说几句：

你现在很痛苦，痛苦得想死，我很理解，这是十多年积累的委屈，你真的对父母不再抱希望。这，其实是你人生的新起点，你终于意识到，你不必追求取悦父母了。

如何开始人生的新阶段？很简单，再熬几年。

死亡并不稀缺，按配额，人人最终得到一份，熬过四五年再看看。那时候，你的人生可能会出现这样的新元素：

你要么大学毕业，要么有了几年工作经验，你是一个自食其力者，当你能养活自己，做自己喜欢的事，你将不那么在乎别人的看法，包括你父母的。

一些影响你的人将会出现，他们或是你的同学，你的老师，你的朋友，从没见过面的网友，也可能是死了几百年的哲人。你将知道，血缘没有那么重要，它只是人类基因传递的工具，最终将好朋友聚在一起的，是观念上的认同，彼此欣赏的人将在一起做事，一起喝酒，一起创业，一起开始一生的友情，他们之间，有更多的包容，更少的挑剔。

你会爱上一个人。也希望你尽量去爱上一个人。爱一个人，是很奇特的感觉，第一次，你可能会把握不住，你爱的人甚至成为父母的替身，所以你有无来由的愤怒，你索取很多。如果你聪明的话，将很快意识你在犯错误，你希望情人完成父母的角色。知道情感弱点的瞬间，就是你完成的瞬间，或有起伏，但你将得到爱情，你会很温柔，你爱自己的情人，像抚慰年幼时委屈的自己。在爱的过程中，你缺失的拼图将一片片找回，你会完整的，像拼装完成的法拉利，非常美。

你会很坚韧。你渡过了难关，杀不了你的，都将成就你。你会对人性很了解，对软弱者的残酷很了解，你会成为一个强大的人，你知道强大的人更有能力爱自己爱他人，你会掌控自己的命运，你会让自己的家人感受到爱。

你是一代新人。

孩子，再熬几年。出生无法选择，只要你不死，那桌上就还有筹码，油箱里也还有油，仍然可以继续自己的选择。

无论你现在多么苦，都再熬几年吧。

过几年，你会觉得人生才一百年，太短。

世界有恶意，但你会长大

霸凌这词比较新，让人感觉它是新近出现在校园的现象。

它是英文bullying的音译，在之前，我们称霸凌者为校园流氓，每个人成长过程中都见过这些人，并不陌生，吃过苦头的人也不少。

霸凌的受害者，后果不太妙：绝望、孤单、悲伤、饮食和睡眠出现问题，对原本热爱的事物失去兴趣，逃学、辍学，甚至有自杀冲动……有些人的后遗症带入成年。

霸凌者也不享受，他们往往本身就是暴力受害者，成年更容易成为暴力犯罪者，更容易对配偶和孩子施暴。

美国官方统计数字是，2012至2013年度，十二至十八岁的学生，22%被霸凌。中国可能没有类似的统计数字，就用美国数据作为参考吧。

你是父母，看到上面的文字，可能忧心忡忡，五个孩子就有一个被霸凌，后果又严重，我家孩子受害的可能性太大了。

我们都是从小长大的，知道成长是怎么回事，可能没那么可怕。

霸凌的定义有点过宽，给同学起外号、说同学坏话，起哄、挖苦、孤立某同学，让同学难堪，损害同学文具，这些行为，美国都定义为霸凌。我觉得，怎么可能只有22%的被霸凌，应该至少90%。

美国也有心理学家认为，这种霸凌扩大化，大可不必，既不合理，也制造不必要的恐慌，还是遵守严格的霸凌定义为好：它多是指针对特定个体的多次（有些是单次）侵犯行为；侵犯者与被侵犯者力量悬殊，即侵犯者更大只、更强壮、更强硬，或在校园内更有影响力、更受欢迎，被侵犯者难以保护自己。这个定义揭示了有趣的事实：明星学生也有可能仗势欺人，成为霸凌者。

比如竞赛时的垃圾话，胜者对负者的嘲笑，就不是霸凌，而是竞赛的一部分。否则，垃圾话大王乔丹就该被认定为超级霸凌者。

说话刻薄，带有恶意，mean，这也不应被视为霸凌，它是人性的组成部分，是人在探索边界、互相竞争中常用的手段。

美国约克大学有研究团队曾经在操场录下一年级至六年级孩子的行为，那些被老师定义为具有攻击性的孩子，确实，平均每两分钟会有一次带有恶意的行为；不过，被定义为没有攻击性的孩子，平均每三分钟也有一次带有恶意的行为。

把这些行为都定义为霸凌，除了得出人人都是霸凌者之外，最重要的收获是暗示孩子：你真是弱鸡，天天被霸凌。对孩子的成长没有好处。

中国有一些家长，成长过程并不幸福，有诸多遗憾，成为父母后，走到另一个极端，希望孩子生活在伊甸园，不能受一点委屈——这可能是补偿小时候的自己吧。这种被过度保护的孩子，不可能坚强，也很难相信他人，总觉得世界每天都在欺负他。

世界有恶意，冬天太冷，夏天太热；人性有恶意，不要任何研究，诚实观察自己，你一定有意无意伤害过人，欺负过人，你的恶意不断。霸凌者与被霸凌者，往往也发生在一个人身上。

你孩子身上有伤，性情大变，你当然得关心，他有可能被霸凌。你也得一直是受孩子信任的家长，这样他才有勇气告诉你真相。但是，我的孩子全世界都要疼，一滴眼泪都不能掉，这未免也太焦虑、太矫情、太没有常识。

我认为，最狠的霸凌者，其实多是父母。校园霸凌者，惹不起还能躲；动辄打骂孩子，施以各种情绪暴力的父母，孩子才是没地可逃。不过，就是碰上这样的终极霸凌者，也不可怕，孩子，你很快会长大的。

到了三十岁以后，你可能就不会多在意小时候的委屈，因为中年还活不好，自己要负主要责任。

5

看似神一样的父母，也不过是普通人

爸妈不是一生下来就是爸妈，爸妈也是头一次当爸妈。

如何改变“傻乎乎”的大人？

连叔：

您好！我叫连悦，是一名六年级的小学生，我看了您的一些文章后，有一些问题想请教您。

有些时候，我很不理解一些大人的世界和他们的观点。我是一个比较固执的人，有的时候我会一直坚持我的观点，因为我可以确信它是正确的，但是大人们宁可去挑一些麻烦的或者不对的做法，我指出后，他们也不会承认，我就特别好奇，也不知道这是为什么，甚至觉得他们有点傻乎乎的。而且有时候家长也会非常不理解我，我希望干什么，他们偏不，有的时候他们也不理解我们的想法。我受了委屈，自己哭的时候，他们会说我矫情，难道我就不能自己待会，调整一下心态吗？我相信很多小学生是可以的，我们也只是需要一个独立的空间，独立的，不需要任何人打扰的，可是家长始终不能理解我们，是我传达的方式有问题还是家长有问题呢？我可以做到的事情，家长却直接否认，比如我想听歌写作业，是为了隔绝杂音，更好地进入状态，他们却觉得听歌对学习没好处，我辩解一句，他们反驳我十句，甚至不讲理地直接把电脑关上，我十分生气，但又碍于对他们的一种心理阴影（小时候父母打我比较狠，使我产生了一种对他们的恐惧），不敢说，然后就会一直保持沉默，自己待着。

连叔，我十分不理解他们的行为，我希望您能帮我解开疑惑。

连悦童鞋

* * *

连悦童鞋：

你的父母属于霸道型的，指令不容违抗，否则，就有更多的批评，甚至直接动手。孩子往往会怕这种父母，怕的过程当中也慢慢失去了对他们的爱。

这类父母占比不低，我是很同情他们的。我并不恨他们，或者讨厌他们。为什么呢？他们往往有朴素的责任感，觉得要把孩子管好，把一堆规则硬塞给孩子。不负责任、不关心孩子的家长，孩子受了委屈，哭了，他们也未必知道。你的父母知道你哭了，在这过程中，还探头探脑，不停说几句——他们反应到这个阶段，都还是正常的，也是应该的，因为孩子毕竟还小，怕你承受不住委屈，做出什么伤害自己的事。

但你提出需要自己静静时，他们拒绝，觉得你因为小事矫情，这就错了。他们可能不理解孩子，值得孩子哭的事，对这个孩子来说，就不是小事，哭完心情恢复平静，也是心理建设的过程。知道缘由后，想哭就让孩子哭一会，抱一抱他们，哭完小小声聊几句天，做一个孩子喜欢吃的菜，有个温暖的收尾，委屈不仅会过去，还增进了感情。不知道这么做的父母，你一哭他们就害怕，怕你出什么事。这种害怕是爱的一种体现，但他们无法恰当地表达爱，只会慌张急躁地禁止你哭，甚至通过轻视、羞辱的方式：别哭了，别那么矫情！他们天真地以为，只要你不哭，事情就解决了。

霸道型的父母，责任感有，培养孩子的功夫也做得不会少，甚至比更成功的父母焦虑得多、担心得多，得到的却是孩子的疏远、冷漠和憎恨。吃力不讨好，失去自己孩子的爱，这当然很可怜。要过很长时间，到了孩子成年，知道生活不易，才有可能恍然大悟：原来他们不是不爱我，只是不知道怎么爱。他们表现得那么凶，其实只是太弱小。

你观察得没错，人确实是傻乎乎的，错了认个错就没事的小事，偏偏要固执地让它变成大事。但这就是人性的弱点，它很强大。你和我，也会受这人性弱点的困扰，为了自己的面子、自尊，傻乎乎地固执于错误，宁愿伤人伤己也不回头。知道这种人性弱点，有利于自己的成长，在自己身上发作时，你可以警觉到自己正在犯错，慢慢学会控制这情绪，听清楚这情绪传达的诉求。这样也可以增加自己的同理心，你仍在依赖父母供养时，已生出怜悯——他们被显而易见的弱点控制得那么牢。

冲突发生时，有怜悯的那个人，是站得更高的。更高的人将寻找方法避免、化解冲突。如果加剧冲突，引发争吵，只会让对方更加固执于弱点，那我们就害了他。比如关于学习方法的争论，你想边听歌边写作业，家长要求你写作业时不许听歌。从科学研究的角度看，家长这个要求没有错，注意力资源是稀缺的，人很难同时做好两件事。但也无法排除你是例外。争吵不仅无法解决这个矛盾，还不利于你。这时候，你可以想得更远一点，支撑一个人话语权的，是实力。如果他们的教导，符合主流价值，比如老师也是那么说的，那就暂时听他们的，实力强了，再来谈判。

学生的实力，就是成绩，如果你是永远的第一名，你说，我就得听歌写作业，成绩才能好。你父母哪里敢禁止，早当成你的趣事在朋友圈炫耀。用实力说话是最轻松的。成年后也是如此，你成就大，你负责任，你的观点，你的方法，人家就听。

从现在开始，就可训练自己，不用抱怨、生气与泪水来提要求，用实力提要求。你只是六年级的小朋友，这个要求很高，毕竟成年人都很难做到，但开始只做到1%，就很牛了，你能慢慢掌控你自己。几年后，你能做到50%时，就能改变你的父母。

祝开心。

连岳

人是复杂的，在这人性上升级

连叔：

您好！

很抱歉，打扰了。

今年我要小升初了，这可能是所有大考中最不起眼的一个考试，但是它会改变你的一生。妈妈总说："你考上了一个好的中学，就会考上一个好的大学。"可是在五年级的时候我发现我的父亲出轨了，我不敢说出去，只能自己憋着，只记得那段时间晚上睡不着，什么都不想说，头发也是大把大把地掉，后来实在坚持不下去了，就给我最信任的舅妈说了，后来舅妈不知道怎么办，就把这件事情告诉了外公，外公给我的父亲发消息，后来他找我了，他说："我在初中的时候就喜欢那个阿姨……"听他说在我两岁的时候，妈妈在老家那边，他也出过一次轨，我妈妈发现后是要准备离婚的。可是，当时我的妈妈没有工作，如果离婚了，我就只能跟父亲，妈妈为了我就没有离婚。在我很小的时候我的父亲就对我的母亲拳打脚踢，我全都看在眼里。我也被他用雨伞、拖鞋……打过，我至今忘不了。

每次出去的时候他总是装得和蔼可亲的，可是我不想陪他演。我玩的时候，他跟我说"你怎么还在玩"这种话，当我在房间里写作业、上网课，时间久了他就会来说你怎么怎么样啊，玩可以的，没有让你学这么久之类的话。最近我经常失眠，盯一个地方不动，动不动就会哭，觉得自己没有前途。所以我上网找了个测试抑郁症的网址，测出来的是中度抑郁症，我不太敢相信，不知道这是怎么了，我现在很喜欢孤独，喜欢伤感的音乐。我这是怎么了？

十二

* * *

十二：

前天晚上我们约定，我今天专门回答你的问题。但愿你今天的感觉比前晚好一点。

我告诉你一个秘密，时间有魔力。当觉得伤心痛苦，好像一点办法都没有时，你就给自己一点时间，过几天，可能就好了，人的韧性也是很强的。我建议你不要听伤感的音乐，尤其在心情低落时，那等于做了一个错误的决定，它会把你伤心的情绪放大，歌词作者为了押韵，什么糊涂话都可以写出来，你当真就输了。

在低落的时候，反而要听听开心的音乐，看看春天的萌芽与鲜花，让他人的笑容感染一下，这世上很多美好之事，注定会让我们心情变好，你可根据你的经验，列出五件或十件美好之事，心情低落时，就挑其中一两件做一做。抑郁症的判断是很专业的事，网上自行测试，基本不靠谱，你又只是六年级的小朋友，做这些测试也超出你的能力，很容易把正常的情绪起伏测试成病态，这个不真实的结果又败坏现实生活，让你以为测试是对的。

小升初，是人生的第一次压力测试。你第一次知道一件事很重要，做不好有些麻烦。记得我当时有几晚故意把自己熬到半夜12点，把一些会的功课抄来抄去，却回避难题，自己却以为累了就能长成绩——很蠢吧？不过，毕竟是孩子啊。你在备考中，要避免犯我当年的错误，把精力更多放在补强那些自己薄弱的、不会的知识点上，这样压力才会越来越小。

我小升初没考好，只能去市区次好的中学。当时条件很差，无论刮风下雨，我每天拎着饭盒，走一个多小时的路去读书，冬天时，手和耳朵都生冻疮。初中三年也挺努力，中考又没考好，上不了市区的好高中，只好回到一百多公里外的老家县城上高中。同班一位女生，成绩好，跑步快，人又漂亮，我怎能不悄悄迷恋她？

她现在是我太太。人生总有不如意，尽管我们还只是孩子，也会让我们尝尝苦头，但你也不知道这些苦头后有什么甜头。满怀信心与期待走下去才是最关键的。

人处于危机中，有压力，喜欢寻找替罪羊，将失利归罪于它。当然，它现在不可能真是一只羊，将是一个人，一件事。你那个对婚姻不忠的爸爸，现在就是你小升初考试的替罪羊，你讨厌权威丧失的他，这样便可以转移自己的压力。当然，这无法真正释放你的压力，小升初如愿了，你这压力才会消失。

孩子成长的第一个关键点，就在于发现原来神一样的父母，不过是普通人，甚至还有这样那样的缺点与过失，这时候容易犯的错误是全盘否定他们。你认为父亲在婚姻上不忠，那他一切的情感表达就都是假的。真实的人性并非如此，人是复杂的，真与假，好与坏，黑与白，慈悲与残忍，往往同时体现在一个人身上。而在我看来，他对你的关心也是真的，如果对你的一切关心都是演的，他细致、周密与持久的演技骗过了一切人，那么，他的婚外情可能就难有人发现。比如，他让你学习久了玩一会，玩久了别忘了学习，这都是正常的、有用且真实的提醒。你认为他在装，那就会浪费很多精力去恨他，这不利于你的成绩提升，刻意反着来，那就更糟糕。

这时候主动权在你身上，你必须成长到人生的更高级阶段，才能判断出一个人对自己的提醒，是否有利于自己。有利的话，即使是自己讨厌的人，也接受。不利的话，即使是自己喜欢的人，也不接受。这点非常难，我现在都不敢说自己做得好，太多人一辈子都做不到，失去许多成长机会。你爸建议你在学习与玩之中找到平衡，这就是有利于你的建议，你能平静接受，这个能力就让你领先了，不仅领先你的同龄人，还领先很多成年人，你将生活的苦头转化成了甜头。你可以的。

祝开心。

连岳

好好学习，解决问题

连叔：

您好！

我是一名初中生，网课期间因朋友推荐的文章关注了您，您正确的三观给我带来了很好的影响，我发现自己看事情更清楚了，对于一些事有属于自己的看法了（在此之前判断力一直比较弱），关于自己生活道路上的问题也看清了一些，但最近在家庭的问题上，我又有了新的困惑。

我的母亲和父亲是农村人，母亲大专学历，现在与父亲一起在深圳打拼，但父亲的文化水平较低，上进心不强，早前有赌博的恶习，听母亲与父亲吵架时的描述，他之前似乎还有过家暴行为（两次，我未出生时），几乎年年都有事情欺骗母亲（在外借新钱还旧钱，网络轻度赌博等）。我印象最深刻的一次是父亲在百度借贷，那一次母亲情绪激动要和父亲离婚，甚至有要轻生的言论（当然以前也不是没有)。我参与调节，和父亲说母亲为什么生气并恳请他改变，最后他们还是和好了。其实母亲和父亲这样吵架的次数真的不算少，每次都是父亲让母亲崩溃，我有时候甚至想劝母亲和父亲离婚(父亲从小参与我的教育少，我与母亲感情较深，母亲很多时候也是受父亲拖累才活得这么辛苦)，但是母亲又说她和父亲都不是真吵，她离不开父亲，又说父亲其实人也不坏，后来也就继续生活了。父亲人也确实不坏，疫情期间对我的关心也渐渐多了，最近也有在改变。

接下来就是我的情况了，我现在是在深圳读书，非深户，在学校的重点班，成绩中上，保持在年级前五十，班级前十。母亲常说我很懂事，说我是她的安慰，我也很高兴能给她一点慰藉。我也会犯错，但母亲和父亲从来不打我，只是母亲会狠狠地骂。她对我的教育一向是很上心的，幼儿园时不管怎样都要把我带到深圳来，一直陪伴着我，从小学时就会和我讲道理，母亲在生活上宠我，立志要和我做朋友，我和母亲也很亲密。

母亲在学习上对我要求很严格。有一次因为我没有时间观念，去买赔同学的书耽搁了时间，作业没有做完，她隔着电话手表在地铁上骂了我一路，我在地铁车厢里也哭了一路，一直捂着手表想要不吵到周围人。类似这样的情况还有很多，很多。

今年我总体学得挺好，相比上学期有进步，但是期末英语测试成绩并不理想。暑假期间，我放松了很多，母亲在准备考药师。最近她晚上做题时十五道题只对了一个，早上就很颓废，又开始觉得自己的人生太失败了，觉得不配做我的母亲，又感叹自己找了个这样的老公，觉得压力很大，说对不起我，别人家都给孩子报各种补习班兴趣班，她却没那个能力（我们家的收入不算高），问我会不会怪她。我安慰了她，因为我从来没有那么觉得过，而她也尽她所能对我好了。前阵子她在看一些女儿长大和母亲分开的文章，感慨说她以后也要优雅地退场，不能给我添麻烦，又问我以后会不会嫌弃她，抛弃她，又好气又好笑。我很坚决地说不会并且安慰了她，但她好像还是很伤感。她最近陷入了这种伤感，和我交流时情绪也是时好时坏。

我后面详细问了母亲为什么觉得对不起我，她说是因为不能给我报补习班，要是报了补习班我或许会更好。我觉得是因为母亲不太满意我的成绩，加上最近比较焦虑才会这样。我想我现在应该先好好学习，其他的我就不知道该怎么办了。

我该怎么做？连叔，您可以给我个建议吗？谢谢您。

祝您和连太身体健康，平安喜乐。

橘子

* * *

橘子：

看得出来，你很想帮你的父母，尤其是你的母亲，你渴望得到办法，让她焦虑少一点，快乐多一点。

这种“想帮助某人（事）”的愿望，是一个人成长的最大动力，起点也是像你一样，从想帮助自己最爱的人开始，一步步外扩，最后成为一个能量大的人，可以帮助天下所有人，还能帮助那些还没有出生的人。就像释迦牟尼和孔夫子虽然死了，也还在帮助我们。

“想帮助”的愿望，一定是从你发现问题开始。就像你清楚地知道母亲有时急躁、软弱，父亲总有些小毛病，他们也小矛盾不断，你自己也有松懈的时刻。发现问题，总是让人不太愉快；有些焦虑，是因为许多问题没那么容易解决。

从现在开始，你要习惯这种状态，想着怎么解决问题，但要把焦虑去掉。多年以后，当你像我这么大时，其实你会喜欢问题，有问题挑战，就意味着有力量成长。你不会像那些无视问题的、逃避问题的人，无论大事小事，个人、家庭还是国家，一有问题，他们的反应就是：要死了，完蛋了，然后表演各种悲观沮丧，最后，他们变成最大的问题，害人害己。

你的反应将平静而坚定：问题总能解决的，不是现在，就是以后。

你现在遇到的家庭问题，本能的反应就是正确的解决办法——“我现在应该先好好学习”，因为，这是你能量增长的最好方式。让你疑惑的是，这似乎并没有马上解决问题，学习好一点，母亲还是焦虑，父亲还是有毛病，他们仍然会吵闹。那是你还不知道，这个问题本身就是需要长时间才能解决。

超越父母，安慰父母，这需要半生的“好好学习”才能完成，并非一朝一夕之功：你考上好高中，问题解决一点点，肉眼看不出；进入名大学，又解决一点点，进展似乎也不够快；你有了自己的事业，对自己的人生负责，他们半信半疑；到最后，他们看到你有力量不害怕任何问题，还有足够的爱让他们依靠，他们终于放松了。

当然，他们不放松也没关系，那只是茶壶里的风波，见过了大江大海的你，不再认为那是问题。更了解人性的你，见过更多疾苦的你，也有更多慈悲，知道他们有能力天花板，可能一生突破不了，多抚慰，不苛求。

没错的，好好学习就是在解决问题，你是这样，我现在也是这样，遇见问题，第一反应就是好好学习，学习才能长能量，能量大了，问题就小了，没了。

祝开心。

连岳

那些突然成长的时刻

连叔：

您好。

我今年十三岁，初一。刚刚得到消息，我外婆去世了。大约在一年前，我的外公也去世了。爸妈和以往的态度差不多。

一年前外公的逝世，我并没什么太大的感触，因为我对他的记忆很少。但外婆不一样。以前回老家时，她经常做豆腐给我们吃。

但在大前年吧，外婆因为一氧化碳还是二氧化碳中毒，大脑就……我们家住在深圳，外婆离我们也挺远的，所以是我妈的一个亲戚在照顾，之后她也在渐渐好转，今年已经可以走路了。可是没想到却……

现在，我爸妈的状态和以前比应该是没什么区别的。我很难受，我感觉我爸妈其实也差不多的。可现在我不知道怎么办。

我不算是个开朗的女生，但我的性格也不差，在班里的人缘挺好的。对爸妈，我比较……皮吧，就是比在外人前活泼一些，比较没有顾虑。

现在我该去安慰他们吗？可我不知道要怎么安慰，或者说，我觉得现在安慰，会不会不太好……

我爸妈要回我妈的老家了，我也一起。要回去一周，我的学业是不怎么需要担心的。

我现在应该要怎么做，还是和平日一样吗，或者是别的什么……

祝连叔开心。

某少女

* * *

某少女：

知道考虑别人的感受，担心自己做事不得体。一个十三岁的孩子意识到这点，是了不起的。这是处理人与人关系的核心，不少人三十一岁也还没这意识。人类社会，对他人的理解与尊重，是很重要的技能。怪不得你在班上人缘好。

妈妈现在是悲伤的，当然马上需要安慰，不必等到某个仪式或节点再特地去安慰她。别想着说什么出色的安慰人心的话，那给自己太大压力，反而做不好。简单抱一抱她，给她倒杯水，帮她拎拎包，拿拿衣服，做好小跟班，就是对她莫大的安慰。

葬礼是中国人的重要仪式之一，到时你需要做什么，自然有人安排，你不会手足无措。在这段特殊时期，当然不适合与爸妈“皮”，降低“活跃”度，调到文静模式，就像你在上一节比较枯燥的课那样。也不必刻意表现出特别悲伤，你对外婆的记忆只是以前回老家她经常做豆腐给你吃，那可能情感联系并不特别密切，顺其自然即可，即使自己到时没有眼泪，不要害怕，也不要羞愧。妈妈可能比较悲伤，抱一抱她，给悲伤的人一个拥抱总是合适的。

对父母的最大安慰，就是这周你能自觉地把自己照顾好。保持作息规律与个人卫生，有的衣物平时妈妈替你洗，可以试着自己动手；每天向老师或同学了解教学进度与作业，最大程度地跟上。在这特殊的一周，你突然长大一点，妈妈与爸爸不仅得到安慰，甚至都会感谢你，佩服你。

拥抱你。

连岳

一个孩子的力量

连叔：

您好！

我是一名六年级学生，受母亲的影响，三年级便开始读您的文章（自认为是一名忠实读者），很敬佩您的为人处世。今天我无意间发现了一条母亲向父亲抱怨（她也没有指责父亲）的信息。因为家里有一个弟弟，父亲的工资一年除去开销，也攒不出多少钱，更没有钱为两岁的弟弟请保姆，所以母亲一直为换房（家中现有一套六十多平的，家住苏州，房价一直在涨）和找人照顾弟弟烦心。目前母亲是一个人在家照顾弟弟和我，她自己也比较上进，希望能给弟弟和我更好的生活环境，能够出去工作，可是一直没有机会。

我平时学习基本不用他们操心，就是小升初的择校父亲一直在忙活。我之前也看到一次母亲写得很悲观的话，偶尔在家里我看她也是有气无力的，但她尽量在我面前表现出很坚强的样子。不知道为什么，我心里很不是滋味。养育两个小孩对于父母来说，无疑是很大的压力，我看着他们，心里也会压上一块石头。我一直想要当一名小学老师，现在觉得要当大学老师才能撑起一个家，觉得非常不知所措。

写得比较乱，请您见谅。打扰您了。

迷茫的小学生

* * *

迷茫的小学生：

那你将来就当个大学老师吧。生活让你调整一下志向，对自己提出更高的要求，也是件好事。人生就像玩游戏一样，是个动态的系统，总是要根据情况的变化调整自己的应对，并不是像算术公式一样一成不变，甚至可以说，“不知所措”的感觉，是我们在做出选择前的一种心理状态，是正常的，不必害怕。你的理想从小学老师调整为大学老师，心理就会安定一点，是吧？

你是个敏感的孩子，能从父母细微的言行中捕捉到他们的为难。这就是聪明，聪是比别人听得更多，明是比别人看得更多，你对成年人生存状况的感知，超过了同龄人。敏感是很宝贵的资源，你能很快判断出他人的处境，体会到他人的难处，再加上你的善良，你沟通的效率高，情商高，做事的成功率将高很多。人与人构成的世界，感情是最重要的沟通方式，不敏感，情商低，那会生活得很辛苦。

怎样使用你的敏感，还需要你继续学习。敏感是好事，但不要太敏感。太敏感，会摄入过多的信息，对信息也可能过分解读，别人一声无意识的叹气，就在你心里掀起巨浪，这也是对世界错误的认识，而且自己很难在情绪的剧烈波动中保持平静，最后影响自己的生活。

聪明人容易犯的错误，是过度使用自己的聪明，不相信他人能够处理自己的事情。这样容易干涉他人，替他人操不必要的心，最后大家都不开心，你浪费了精力，别人觉得被冒犯。所以，你要相信你的父母，学会相信，就是学会控制自己的敏感。

从你的描述来看，他们过的是正常生活，大多数成年人都是这样生活的，能够挣钱养家，有套小房子，但是钱总觉得差一点点，房子总是不够大，要进一步提升，需要长时间的积累。既然正常，你就不必担心。偶尔情绪低落，有些泄气的话，那也是人的常态，你将来是亿万富翁，也会有情绪低潮。对他们这些情绪过度反应，会让他们很紧张，迫使他们永远不能有一点所谓的负面情绪，那会把人逼疯。

你的父母比较幸运的是，他们有你这个早早规划人生的孩子，自我梳理，自我管理能力比较强，他们比较省心。对大多数父母来说，管教自己的孩子，压力一点不比收入、房子之类的问题小，从这个角度看，做好了自己的你，已经帮了父母大忙，作为一个小学生，这也是帮助父母的唯一途径，一直到你读完大学，找到工作为止，做好自己都是在帮他们的忙。当然，不是你有工作后就不必做好自己，而是那时你有收入，彻底不需要父母的金钱资助，还可以反哺，帮忙的力量更大。

做好自己的本分，永远是最好的帮忙。你敏感，能够捕捉到他人对你的期待，也察觉得到自己的失误引发的不满，这都有利于你最快地调整自己，以完成做好自己的任务。一个能够做好自己的人，无论他是小学生还是大学生，是小学老师还是大学老师，都能让人感觉到踏实、可信任，也能抚慰他人，是一个精神力量的输出者。

祝开心。

连岳

少年开始哀愁，关键而又危险的一步

昨天晚上9点25分，收到一个孩子的留言，简短回复了一下：

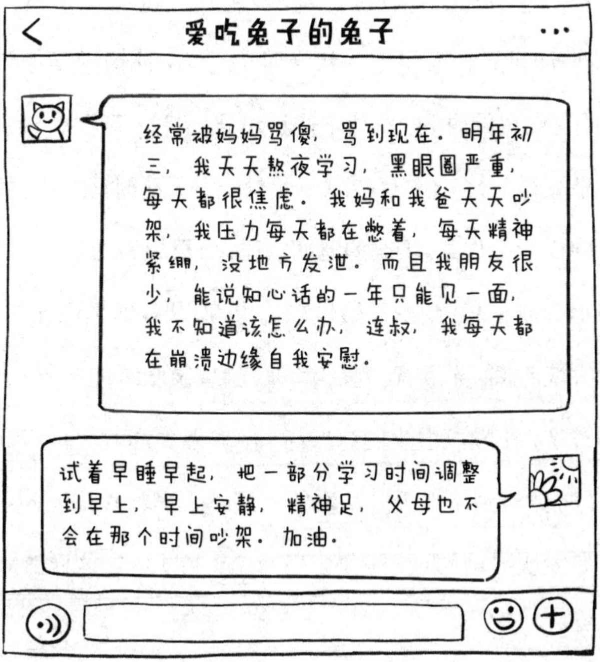

为她写一篇文章吧,希望她今天早上能够看到。

人生第一次沉重的哀愁,多半发生在少年时代,很多人成年后就忘掉了。但我没忘,甚至比这孩子还早一点,我就想到,生活如此辛苦,一辈子又那么长,太难熬了。

转眼过了半辈子,现在我依然觉得生活不容易,但是哀愁已经消失,我甚至喜欢上了种种不容易带来的挑战,它们开启新的生活形态。比如我建议你早起,就是“被迫”的。作为一个自由职业者,多年来迟睡迟起,几乎没有看过朝阳。直到几年前的一天,下午要推送的文章,出了故障,技术人员怎么都调不好,离别人下班的时间又越来越近。我当时决定,这种情况不能再次发生,要留有充足的时间,以利于修正错误。第二天开始5点起床,在早上把文章写好,万一有意外,还有一整天的时间修正,不至于误事。同样的工作量,不同的时间安排,效果大不同。

被迫变成早起,至少开始是辛苦的,但其好处也迅速体现,早上这一大块时间,无干扰,精神饱满,脑袋像张雪白的纸,开心地等着你写字,在噪声很少的这段时间,效率更高地完成今天最重要的事,感觉赚到了一天。从容能够缓解大多数焦虑。当我们的工作需要大块时间阅读,写作与思考(学生显然是这样的),早起最能让自己安定。

你早上时间多了，个人卫生与形象可以处理得更好，有时间洗头洗澡，清清爽爽，精神为之一振，即使校服千篇一律，你的气质也令人耳目一新。有时候我们显得营养不良，那是因为精神疲惫；头发油腻，则发量再多也显不出来。

如果你父母是我的读者，我当然希望他们能够迅速改变，学会好好说话，别太爱吵架，多多鼓励你。但这种希望多半不会实现，我们身边的环境，很难按照我们的意愿突然改变，世界的改变，多是微小的、缓慢的。

爱吵架的父母可能一直吵下去，如果你知道，爱吵架的人表面上气势汹汹，实际上是虚弱的，渴望被听见与被肯定，你反而会同情他们，不再害怕。你的任何一点进步，言语与行动上对他们轻微的肯定和安慰，都能极大地撬动他们的情绪。换言之，你已经可以在智商情商上领先他们，你能够主动改变家里的环境，多给他们微笑，在合适的时候抱一抱他们，先给予，就会得到。虽说这不是少年的责任，但一个少年能够开始做这件事，那是很酷的。

少年是自我觉醒的时候，逆反也开始出现——除了个别学霸——又很难得到肯定，情绪也无法通过吵架发泄。此时的哀愁，是成长过程中必然的心理体验，容易觉得自己又笨又丑，陷入自我攻击。应对方法是反其道而行之，觉得自己笨的时候，刷道题，这样有智力增长的感觉；觉得丑的时候，或挺拔着站一会，或闭眼冥想两分钟，或索性去洗个澡，正确的姿态与行为，最能驱赶错误的幻觉。

你觉得情绪低落的时候，可以把你想象成你的好朋友，写几句话安慰他，告诉他一些开心的事情。你很快也能开心起来，得到安慰。自我意识觉醒的第一阶段，还比较脆弱，表现为索取，希望大家关心自己，很多人陷在这个阶段走不出来，后来变成软弱的人、生闷气的人、爱吵架的人，演变为令人讨厌的成年人。

你如果现在就开始进入自我意识成长的第二个强大阶段，哀愁就成了动力，表现为给予——我的软弱也是别人的软弱，我的需要就是别人的需要——那么，你即使成绩一直不出色，也没有关系，你已经能够影响你周围的人，包括你的父母。减少别人哀愁的人，自己也没了哀愁。

我，大学生，讨厌花钱有罪恶感

连叔：

你好呀！今天又是心情低落的一天，脑袋嗡嗡的，看书也看不进去。感觉自己活得好累啊，每天都在寻找生命的意义。可是却总是被情绪牵着鼻子走。

连叔，钱是什么呀？为什么谈到钱，我的父母既变脸又无奈，我感觉他们养我长大供我上学真的很辛苦，他们挣钱真的不容易。妈妈从小就告诉我家里很穷，但是我阿姨们都有工作单位，对我也很大方。我对金钱一点概念都没有，我感觉自己每天都在省钱吃饭，网购也是只用拼多多，也不敢买啥，除了日用必需品之类的。我每次花完钱都会有一种罪恶感，就像今天一样。我感觉自己就是一个只会花钱的罪人，不管我花了多少钱，我都会有这样的感觉。我觉得好难受啊，妈妈总是和我说钱要花在有用的地方，可是什么才是有用的地方呢？我的学费吗？我想发展自己的兴趣爱好，但是妈妈说没有必要，她告诉我这是没用的。可是我想坚持呀，我喜欢呀。可是想到要花父母辛苦挣来的钱，就好痛苦啊。最后，妈妈还是把钱转给了我，我也报名了。妈妈转钱给我之前，我跟妈妈说，4月和5月的伙食费不用给我了。

我现在一边兼职，一边上学，用兼职的钱做我的伙食费，省省还是可以坚持两个月的。只是我的心情好复杂啊。我不明白年长的大人对于金钱的看法，也不明白到底要怎样衡量才知道钱有没有花在有用的地方？

我现在“投资”自己，是不是没用？我到底应该把钱花在哪里？我要死死的做一个守财奴吗？我真的很会花钱吗？

（我现在一年的学费加上住宿费6250元，学校在大湾区的珠海，每个月妈妈给我1500元左右的伙食费，包括零花等各种费用。今天报名特长班，我找妈妈拿了2400元，两个月的伙食费不用给。自己出了2000元是寒假兼职的钱。这相当于一年学费，但我是考虑了各种因素报的。）

连叔，我想好好读书，将来找好工作，有稳定的收入，就不用像我现在这样，一花钱就有罪恶感。但我还要继续在这种低谷期活四五年，慢慢熬吧。

连叔，你可以回答上面我的疑惑吗？

一个大学生

* * *

一个大学生:

大学生花钱有罪恶感，其实不是坏事。罪恶感这词听起来很可怕，而正面一点理解，就是人应该节俭、珍惜、感恩，花了钱就像伤害这些情感，让人难受。大学生还没收入，用的都是父母的钱，这些情感强烈一些是正常的。大学生花起钱来没感觉，那才不妙，是财商很低的表现，这样进入社会，很容易被骗、负债、破产，经营不好自己与家庭。

你小时候一定背过一句所有中国人都背过的诗：谁知盘中餐，粒粒皆辛苦。背过是什么感觉？感谢农人的付出，珍惜每一粒粮食，浪费了于心不忍。这是中国人受的好教育，早早生出同理心、悲悯心，这样的孩子不会变坏。但你也可以将之解释为增加孩子浪费的罪恶感，我不背这首诗，浪费粮食就没有心理负担。

钱是什么？钱就是盘中餐，分分皆辛苦。可以看得出来，你父母的经济捉襟见肘，供你上大学供得很辛苦。他们谈起钱，“变脸又无奈”，这是正常的反应。世上的苦人，钱不多，每一分钱都计划好了，一想到要额外花钱，反应大致相同，即使笑，也是苦笑。你从小得到姨姨们的大方资助，作为孩子，你不会有什么心理负担。而你妈妈不同，想到自己的孩子要让姐妹们照顾，她既会感激亲情，又会有深深的愧疚与不安，更害怕你忘了这份关照。如果你不成才，长成一只不知感恩的白眼狼，她会觉得背叛了自己的姐妹。这是她的压力来源，也是她让你产生花钱“罪恶感”的心理动机。她不这么想，不这么做，才是不正常的没良心。如果她说，孩子，没事，你缺钱就找姨姨们要，她们很慷慨的。这样你确实没有罪恶感，因为这是把你养成了恶人，恶人作恶怎么会有罪恶感？

大学生处于一个奇特的年龄段，既独立又盲从，既单纯又虚荣。说独立，确实有许多奇思妙想，活力无限；说盲从，也有很多话语是人云亦云，很多行动是亦步亦趋。说单纯，是白雪还未受灰尘污染；说虚荣，是开始喜欢一些艳丽的粉尘，想用它们化妆自己。特别怕同学们知道自己家境普通，自己家穷，所以，同学有的，我也要有，还要更多，比吃比穿比享受，家长满足不了自己，生怨生恨，甚至用网贷饮鸩止渴。大学教育，就是把这独立与单纯保护好，把盲从与虚荣的弱点控制住。你按大学的课程设置，一门门学好学精，就相当了不起了，一定会成为受欢迎的人才。除了大学毕业证书，有没有其他华而不实的证书，一点都不重要。

一个大学生，花钱有罪恶感，很正常。你以后很有钱了，钱花得不对，不小心浪费了，也会有罪恶感。只有败家子花钱才从来没有罪恶感。

祝开心。

连岳

孩子需要的温度及五万次拥抱

有位小朋友昨天留言求助：

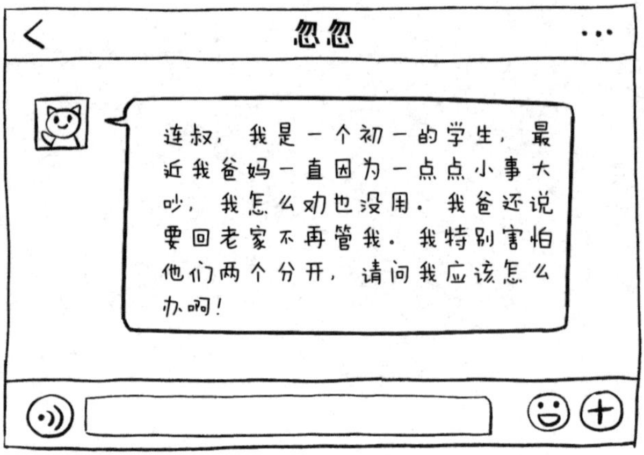

现在初一的小朋友，很多已经有了成年人的个子，让人有错觉，以为他们真是成年人了。其实不是，他们的心理仍然还算是

孩子，一个不安全的、充满争吵的家，对他们的杀伤力还是很大。尤其是“我不再管你”这种抛弃威胁，如你所见，吓得孩子不轻。

忽忽小朋友，可以安慰你的是，类似“我不要你了”这种令孩子恐惧的威胁，往往并不会落实，爸妈最后还是会管你的，他们抛弃你的可能性极低极低，低到不可能发生，不要太担心。

这种抛弃威胁，是折磨孩子的“经典”手法，对更小的孩子，存在着三大恶人：收破烂的、乞丐和警察叔叔。“让收破烂的把你捡走”“让乞丐把你带走”“让警察叔叔把你抓走”。父母说这些话时，有点恶作剧，欣赏孩子短暂的恐惧，孩子接着会表忠心，主动拥抱父母以求庇护，这一切，都让父母“被需求”的渴望得到满足：在孩子眼里，他们是最重要的人。

我建议父母放弃这种有害的做法，收破烂的、乞丐和警察叔叔，应该也会同意我的看法，他们也不想背黑锅。

但是，并不是每一对父母都知道这个道理，有时候，他们不知道自己伤害了孩子。在这点上，孩子通过学习，可以做得比父母更好。所以，忽忽小朋友，当你爸爸再说“我不再管你”时，你要知道，他让你害怕的目的，是为了体现自己的重要性，是为了争吵时赢过妈妈，是他害怕被抛弃，这个可怜的家伙，你抱一抱他就好，有助于他平静下来。

我们终究要超越父母的，你只不过在初一就知道这件事。

说到温暖、拥抱及家庭氛围，也有大人来求助，从他们的角度，你可以看到，他们自己也知道争吵是无聊的，他们也想控制：

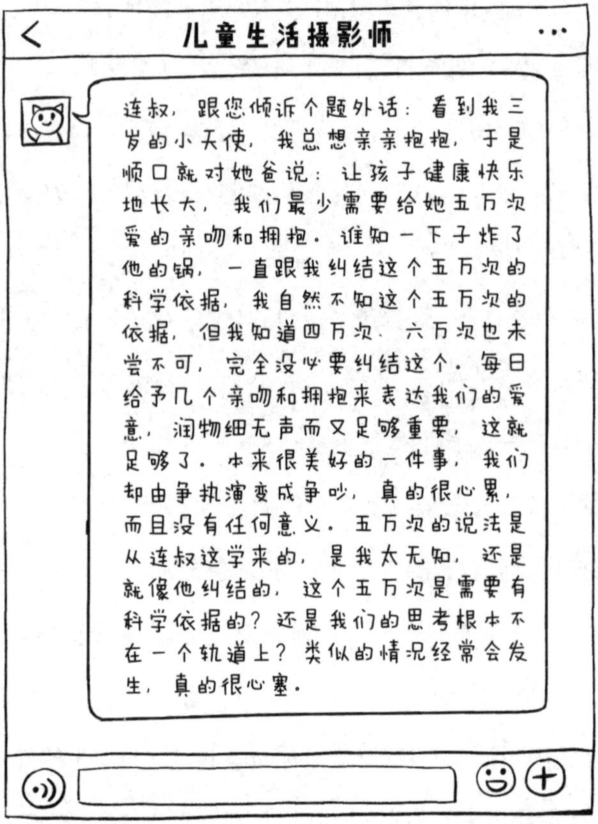

这位爸爸，可能也是在吃孩子的醋，这时候给他一个抱抱，亲他一下，争吵也会消失。

五万次，当然主要是形容其多，其重要，并不是科学家测试出了一个精确数字，少一次，孩子就不行了。心理学家只是证明了依恋的重要性，而且这依恋与温暖、舒适、柔和有关，就是拥抱的感觉。

美国心理学家哈里·哈洛在1959年做过一个著名的实验，他取了八只刚出生的幼猴，分成两组，全关在笼子里，笼子里有两只替代母猴：一只由冰冷坚硬的铁丝制成，另一只裹在毛巾布里。

其中四个笼子，铁丝母猴配有喂牛奶装置，毛巾母猴没有牛奶。另外四个笼子，只有毛巾母猴有牛奶。

两组猴子喝了同样多的牛奶，增加了相同的体重，但在六个月时间里，它们大多数时间都黏着毛巾母猴。那些吃铁丝母猴牛奶的幼猴，也黏毛巾母猴。

哈洛还制造出巨大的噪声恐吓幼猴，看它们的反应，果然，所有害怕的幼猴都蜷缩在毛巾母猴身边。

肌肤接触是对压力天生的、自动的反应。哈洛的研究结果显示，孩子与母亲长时间的身体接触是有益的，缺少这种接触的婴儿，日后形成情感联结会有困难。

哈洛这实验因为残忍而受到批评，但在现实中，父母吝啬给孩子拥抱，不愿意陪伴孩子的事情太多了，那些真实的残忍，反而长期没受批评。

这些有意无意的残忍，需要用五万次（意思是很多很多）拥抱治愈，孩子主动拥抱父母也是可以的。

成长的觉醒

尊敬的连叔：

您好！

刚开始关注您的时候看过您给一位初中生的回信，看那篇的时候不知道为什么深有体会。我今年初三，学习也还行。但让我苦恼的是我和家人的关系。我的父亲去世了，母亲和姐姐供我上学，经常会吵架，可能是我的情绪很不好控制，只要母亲说的不如我意我就会生气。我也会反思自己。但昨天我和母亲吵架，母亲和姐姐说我没有资格和她们吵架，她们如果不养我，我就会成为一个野孩子自生自灭。那时我崩溃了，觉得我就像一个项目，她们对我投资只是等回报。我很好奇，一个母亲为什么要生孩子。母亲对我很好，可我真的接受不了她这样的话。

祝您健健康康！

一个初三生

* * *

一个初三生：

我想，你并非不知道妈妈姐姐供你辛苦，因为爸爸去世了，你可能还知道得特别深刻。感激（或者爱），这种情感很难表达，尤其在你这个年纪，需要一个学习过程。有些孩子选择常态的表达，懂事、温柔、成绩好，用“我的任务完成得很好”表达出爱。

更多的孩子选择非常态的表达，他们也会悄悄努力，希望成为一个特别厉害的人，回报爱自己的人。在他们还没有实现这个理想的时候，又不想表现得软弱，反而会有攻击性，攻击的目标或是自己，严重的进入自毁状态，或是那些爱你的人，因为他们彻底心死，放弃你，你就没有情感压力了。只有极少数人会发展得很极端，绝大多数人只是通过吵架表达出“虽然你爱我，可我没有强迫你爱我”，有一点点不认账的意思，这样可以暂时减轻一点压力。

同样，妈妈与姐姐和你吵架，也是在释放她们的压力。“如果不养你，你就会成为一个野孩子自生自灭”，这句话翻译一下，意思是：凭我们两个女人的力量养一个孩子，真的很辛苦，接下来更艰巨，高中、大学、工作，一直到他能够养活自己，真是希望他瞬间自立啊。她们害怕无法完成这个任务，有时太累了，也会想放弃，但这个念头又产生道德愧疚，折磨她们。这一切压力，都容易导致吵架。

你的妈妈和姐姐，她们或许不够强大，在教育上也有缺失，如果她们对你有足够的信心，也知道成长需要等候，她们的压力就不会那么大，对你更忍耐，不至于说出伤你自尊的话，似乎不养你你就会饿死。这句话有很糟的暗示，一个孩子，听多了，听得没脾气，以后一辈子心安理得等人养。

你听了这句话生气，是好事。从你的邮件看不出你的性别。如果你是男孩，这是男人角色的轻微觉醒。如果你是女孩，这也是责任感的轻微觉醒。你意识到了，她们需要有人保护。当然，如果哭哭啼啼，放弃进取，甚至狠狠伤这两个女人的心，就听不见这内心的觉醒，好事无法继续。

你只是一个初三孩子，你有理由担心自己保护不了她们，确实，十年后强大的你，更能履行家长的职责，你镇静地说，没事，有我。她们就不再害怕。现在的你，精神上也能做到，当她们开始和你吵架时，你要知道，那是她们在害怕，害怕自己照顾不好你，害怕你会被这个世界吞噬。只要简单抱抱她们，说，我会努力的。她们就不会那么害怕。而且，你自己也真的会更努力。人就是这么神奇，只要你意识到必须对人负责，你就会飞速成长。

祝开心。

连岳

不易觉察的理想主义，接地气的理想主义

亲爱的连叔：

你好呀！

以前遇到什么自己想不通的事情总会想到你，很多次我都想给你写信，但转念想连叔工作也很忙，哪里有空能看到我写的信。但今天我想跟连叔说一下我自己一直都想不通的一件事。

连叔你知道吗？我是个比较好强的人，当我遇到想不通的事，想找别人倾诉，向别人寻找解决的办法之前，我会自己消化，让时间淡化一切，我不知道这是不是逃避，但是时间长了总感觉会好一点。但是，接下来我跟你讲的事却一直萦绕在我心头，在我心情低落时刺疼我的心，为此我感到非常迷茫。

上面说了这么多，其实我迷茫的无非就是一个字——钱。在我们这里，我家其实不算贫穷，但是我觉得我家的生活不是我理想中的生活，父亲十几年都在外面工作，母亲在家看着我和弟弟，

这十几年来，由于父母一个东一个西，不经常在一起，小时候经常听他们吵架，甚至还闹过几次离婚。十几年了，每年都有几次感情危机，我心里真的不好受。所以小时候想长大要赚好多好多的钱，不能像父母一样因为赚钱几个月都不能见面。要和自己爱的人在一起好好生活的想法就在我心里扎下了根。现在我长大了，残酷的现实却一次次摧残我美好的想法。我发现钱真的不好赚，而且我也发现自己没有特别突出的本事、技艺，我对自己的专业不太喜欢，成绩平平，觉得这个专业以后真的没前途，赚不到大钱，我怕我以后给不到我爱的人想要的生活。

特别这几年，虽然我刚过二十，但由于年龄的增长，我越来越需要钱，但同时我对自己越来越没有信心，我感觉我快被现实打败了，我以后也创造不了我心里面所想的理想生活。所以我想问一下连叔，当残酷的现实和理想的生活发生冲突，我应该怎样才能调整好心态，回到原来努力向上而不堕落颓废的轨道上？

一个迷茫不知归途的少年

* * *

少年，你好呀！

恭喜你是一个好强的人。好强的人具有天生的优势，自带不停前进的动力。

真正的好强，那一定不会允许自己专业输人，业务输人，赚钱输人，照顾家庭输人，在一切可决出胜负的领域，你都会拼尽全力。这样仍然输，你就不会怪自己，熟知你的人，尤其是你的家人，更不会怪你——也许暂时会怪你，但终究会尊重你。随着阅历的增长，我们对同样一件事的看法会改变，我与你父母的年龄应该差不多，比你见了更多人生沧桑，从你对父母的短短几句描述，我与你的观点不同，我佩服他们。

你也许觉得奇怪，他们只是普通人，能力一般，钱也不多，生活还不停有危机，有什么值得佩服的？天赋过人，意志顽强，最后功成名就，这样的人当然值得佩服。但多数人，总有这样那样的欠缺，有时运气差一点，有时能力不太够，有时意志软弱，有时看得不远，就像你的父母，最后只能交出一份平均分的人生答卷。一直在做事，夫妻始终无法团圆，见面总有烦恼，这人生很辛苦，他们比你我更了解这点。

他们一定想团圆，一定想赚足够多的钱以消除足够多的烦恼。但自己的能力就是无法实现这个理想。在这种情况下，有些人会选择堕落颓废，不再对老婆孩子负责任。堕落颓废是充满诱惑的，一松手从此什么事也可以不做，反正现在活着很容易，随便混混即可。明知只能达到平均分，明知努力后的现实不太理想，仍然没有放弃，虽然家人对自己可能不满意，但还是要尽力养家。这是不易觉察的理想主义。因为普通人太普通，所以他们身上的光辉不易被看到，其实他们身上的光辉更是真光辉，我们早点学会看到这真光辉，人生就拥有丰富得多的精神来源，他们触手可及，不仅仅是远在天边的伟人、富豪和偶像。

你想多赚钱，这是对的。钱是一个人努力生活与创造的附赠品。人在任何领域都可以努力生活与创造，所以世上不存在不能赚大钱的专业。什么专业的钱都不好赚，什么专业都有钱途。安德鲁·卡内基说过："通常绿叶只可一片一片地冒出，若有人能将一片绿叶分成两片，那是多大的能耐！对社会的贡献有多大！这就是我们整个民族的重任所在。"只要你有本事将一片绿叶分成两片，生产力增长两倍，在任何一个行业都将大有前途。

再过几十年，一直努力的你，或许没有赚到想象中的大钱。这是极有可能的，多数人的人生没有附赠品。此时，堕落颓废也不是选项，它从来不应该是选项。有没有赚到大钱，这有运气的成分。但没有赚到大钱，却尽了自己的责任，是一个好儿子，好丈夫，好父亲，该我的职责都尽力，身上一直有他人看不到的真光辉，这才是真正的好强。

祝开心。

连岳

道理虽好，孩子必须过他们的一生

十多天前，收到初中生tomato的邮件*，她期末考试的压力大，与父母的沟通又出现一些偏差，甚至一瞬间有轻生的念头。

我们都当过孩子，同样的压力与崩溃，多少都有体验。多年后，有了成年人的角度，视之为小事和“矫情”。是的，我们有了更大的责任，更痛的痛苦，将少年的事看得又小又轻。但少年的船还小，少年的烦恼于他就是大风浪，他很容易觉得自己不被理解，烦恼之上又加烦恼，一团乱麻再被扰乱。他呼救，我却戴着耳机听摇滚，这种沟通的变形与隔绝，是我们在成长与教育中最难解决的。

我们要学会听见他人，我们也要学会听见自己。听见他人就是听见自己，万千世界，芸芸众生，一时合唱，其实也是自己人生不同时空声音的同时涌现。孩子向你诉说，就是少年的你向你诉

---

* 见本书第165页《当意外发生后》。

说，你得不到的倾听，给他。安慰他，就是安慰曾经的你。

几天前，tomato的妈妈来留言："上次tomato同学留言后，您及时回应，安慰了一个初二学生受伤的心灵，同时，也让我们家长知道怎样对待这些面临学业压力无处释放的孩子。昨天她的期末考试成绩出来了，扭回了期中的局面，考了个令我们大家都十分惊喜的成绩，她的目标也实现了，在此十分感谢连叔。"

我知道，类似tomato这样的内心风暴，少年们都会有，只是，他们多数没有说出来，自己默默扛过去了。他们纯真幼稚的脸庞，制造了平静的假象。很多人生的痛苦，我们必须去体验，无法逃避，这是人生规律。当然，无论你现在是孩子，还是父母，听了这规律，不要害怕，以为人生就是苦的，甚至无法可想。消化后的痛苦，就不再是痛苦，正如诺贝尔文学奖得主赫尔曼·黑塞所说：（伤口）它势必会开花结果，势必会光彩耀眼。

孩子们陆续开始放假了，我建议他们读一读赫尔曼·黑塞的小说《悉达多》。很多成年人也没有读过这本杰作，所以也请一并阅读。

这本小说以乔达摩·悉达多为原型，虚构了佛陀一生的悟道过程。一个静心阅读者，这本书一天应该可以看完，时间虽然快，结束的时候，你却像读了许多书：一个成长故事，一本诗集，行云流水的哲学感悟，另类的心理学著作，安慰人心的教导，学习的方法论，亲子关系的案例剖析，自然的颂歌，不一而足。你的思维指向何方，它就能提供某方的素材，它像镜子，你可看自己，它像ATM机，你能取钱。

黑塞巧妙地把乔达摩·悉达多分成两个人物，乔达摩是佛陀，悉达多是求道者，这象征我们具备最高等智慧，我们是自己的出发地，也是自己的目的地，人的一生，就是理解自己。理解他人，理解世界，都是理解自己的注解。

悉达多早早听闻佛陀的教诲，但他并未皈依。道理虽好，我要自己过这一生。未经我体检的道理，只是我的衣服，不是我的血肉，学舌无法让我悟道。他恋爱，经商，发财，放纵，悔过，绝望，他甚至像许多不小心的年轻人一样，意外有了个孩子，他也如无人理解的痛哭者，一度想要自杀。他在红尘中打滚，他在红尘中生长。众生的痴狂曾令他不解，这痴狂的热爱与专注又化解了他的冷淡与恶意。河流曾是他的障碍，最后成为他的老师。船夫摆渡了他，他最后成为船夫，摆渡世人。

爱世界，爱人生，爱自己，其中最重要的功课就是接纳生命必然有的痛苦，少年与父母，都有痛苦，这些痛苦带着重要的信息，需要你翻译，转化，这是你从悉达多走到乔达摩的道路。你不放弃，你会等待，你会思考，这条路一定能走好，势必开花结果，势必光彩耀眼。

从一个初中生的开始

连叔：

您好！

我是一名初三学生，临近毕业。家境一般，家里四个孩子，我排第三，家里就只有爸爸妈妈在赚钱，他们的收入都不高，爸爸妈妈比较希望我初三毕业之后出来工作，而我比较想上高中，期待高中生活。我的成绩中等，如果上高中也是上我们这里的三中，爸爸妈妈觉得那个高中没用。

我这几天在高中和中专之间考虑，最后就在今天爸爸告诉我两个选择都没得选，他们已经决定让我毕业后学几个月的电脑然后出来工作。我有点伤心，但是又感觉很现实，姐姐将要上大学了，家里经济确实挺困难的，正如爸爸所说的"必须有一个人出来工作"，所以我最后还是答应了爸爸，毕业后出来工作。

爸爸让我在淘宝和会计之间选择一个去学几个月，我对这些都不太了解，不知道怎么选择，连叔您可以告诉我怎么做吗？

那年

* * *

那年：

很高兴有机会帮到你。

也祝贺你即将开始工作了，能自己挣钱，这是人生的新阶段，非常值得期待。你的很多同学，可能要七年以后才能进入这阶段，顺利的话，你那时已经是某行业年轻的老师傅了。

我能理解你的伤心。同龄人都在继续读书，你一定觉得离开这个群体无所适从，也有“不如别人幸福”的感觉。可能心里还会责怪你的父母。

我先谈谈对你爸妈的看法，我佩服他们的是：

他们敢于承认自己的弱点。父母往往得在孩子面前扮演强者，他们将竭尽全力满足孩子，尤其是求学要求，家境贫穷的父母，负债供孩子读书的很多，即使他们的孩子成绩还没你好。最后孩子没有上好的大学，没有如愿找到好工作，失望引发的焦虑和愤怒，将毒化两代人的关系。

有些父母脾气暴躁，辱骂打骂孩子，那多半是在掩饰自己的无能。

而你的父母向你求助：我们两人的收入不够，希望你早点工作。能做到这点的父母不多，除了孩子的埋怨，他们还将承受社会压力：这么早逼孩子出来工作，太无能了！太不负责了！——我不会这么想，但是很多人会这么想。

你爸妈对教育的直觉是对的。他们认为不三不四的高中与中专，读了白读。有人会批评他们太在乎钱，这种批评是错的，不考虑成本的教育，让孩子在无效教育中浪费太多时间，才是错的。

你爸妈穷，但是他们坦率，也不怕没面子，这点你以后可以向他们学习，不为别人活，诚实面对自己的不足。

接下来说说你的工作：

花几个月时间，熟悉电脑是应该的，它是你学习和工作的好帮手。但是，学几个月就能出来当会计，这个可能性是没有的，你爸妈不太了解会计这行。

有工作机会就去试试，你得花不少时间尝试，才能找到你最擅长的工作。

勤快一点。没人喜欢偷懒的人。你在他人眼里还是孩子，多数人愿意教你，帮你，再加上你勤快，你很快会融入新环境，学习速度也将加快。

不要占小便宜。你刚开始挣钱，又出自一个相对贫穷的家庭，此时容易把钱看得很大，这种迫切，容易激发人性里占小便宜的成分。

这种坏习惯很多人有，也不致命，但你付出的代价是信用，是信任，是格局，占人一两次小便宜，你就被这人彻底瞧不起了，有机会，他不会给你，也不愿和你合作。

越穷，越需要建立自己的信用。你的同事和朋友都知道你有信用，你就值钱了。

要持续学习。你真正的学习才开始。离开校园后的学习，就是围绕着你工作与生活中的困惑开始的，并将持续一生，你写信给我，就是学习。在网络时代，有无数多的专业人士随时准备为你解惑，只要想学，就有老师，好好享受学习的乐趣。

保持身体健康。不要学抽烟，别酗酒，找到一种适合自己的、有节奏的健身习惯。

你的同龄人看到你的来信，是有压力的，你已经开始起跑了，他们怎能不把书读好？书读好了，七年后也未必能赢你。

祝开心。

连岳

6

爱，是我们一生的课题

生命是用来创造，用来成长，用来爱的。

成长的大挑战，撕扯感带来的痛苦

连叔：

展信佳！

写信前我深呼吸三次还是又愤怒又绝望，这次话题是关于家庭的。

我不认为我是个有出息的子女，我也不认为我父母是称职的父母。

我上大二，人笨，又不知勤学苦读，好逸恶劳才会考上二本院校。大学期间我想通过自己的双手养活我自己，不指望家里寄钱，可是我大二才实现，靠助学金、奖学金、自己兼职赚了点钱，勉勉强强够生活费，也给家里寄了点钱，用来还信用卡。这里说明一点，我家在农村，父母没文化。

你可能会问，信用卡的钱为什么要你来还？我爸买了一辆二手车，信了车行老板的话办了一张信用卡来补齐买车的差额，得知此事我很生气。第一，他为什么不了解清楚信用卡手续费有多高，至少可以问问我，我一个大学生百度也可以查；第二，他买车不是用来生产发展经济，是为了冬天接送弟弟上学；第三，弟弟上的寄宿学校，我连住宿费伙食费都给他交了，他就是不想住宿，家里离学校四十分钟的车程，宁愿早上6点爬起来让父母送也不愿意住校。我们不是什么富贵家庭，是贫困户，为什么弟弟能得偿所愿，这都源于他有一个溺爱他的父亲。别人家是严父慈母，我家是慈父。我为什么绝望，是因为我觉得这个家让我看不到希望。

我认真分析了我家一直穷的原因，我认为有三点，一是家庭不和睦，二是掌握经济权的父亲没有正确的经济观念，三是父母均不是有目标有计划有行动的人。

我父亲是暴躁型人格，偶尔生气时会摔东西，砸东西，会因我妈说了难听的话动手打我妈，对我妈放狠话，甚至当着我和弟弟的面。几次我都特别希望他们离婚，因为我当时真的害怕极了，就想他们分开，我曾经想离家出走再也不回来。他们的想法总是不一致，对于我妈的反驳我爸一般都会以愤怒回应，他们缺少有效的沟通。我爸掌握经济权，甚至连我妈从田间辛勤劳作换来的血汗钱都会被拿走。这么些年不仅零存款，更是负债累累，向朋友借，向亲戚借，这种消耗友情亲情的事情换我真做不出来。

我爸最近在锯板厂工作，辛苦一天两百块，入不敷出，因为我爸花钱大手大脚，他可能觉得前面提到的信用卡手续费几十块钱不算什么。他会给弟弟买超市的大型玩具，会在不与我商量的情况下果断给弟弟买五百多块的电话手表。弟弟要益达，要巧克力他都会买，会花很多钱请他的朋友喝酒吃肉。而且他也是好逸恶劳的人，一个月工作个十来天至多二十天就不去了。接下去就花这些钱，花完了才去找工作再赚点钱。没有存钱的目标，他没有考虑到我们姐弟两个未来的教育基金，未来他们自己的养老基金，未来的不可测的风险基金。每一年都是这样，快过年了才去赚点钱过年用，真的就是得过且过。都说父母是为子女考虑的，我不知道爸爸为我们考虑了多少，反正现在的我们很苦。生活真的太难了，是看不到希望的难，我觉得任何一个家庭，在有爱的父母的庇护下子女都会茁壮成长，即使过着贫穷的日子——不是那种担心父母什么时候会吵架，会打人，还要欠别人多少钱，要去哪里找点钱，基本生活水平都赶不上的日子。我真的不希望弟弟在这样一个家庭氛围下成长，弟弟也很任性，又有一个宠他的爹。

爸爸说弟弟现在还小，长大了就不会任性了。可是等到他初中叛逆期再管教就来不及了，这会毁了他的人生，我甚至可以预见到时候父母是怎么一个态度，爸爸会动手打弟弟，会暴怒。妈妈就在一旁指责爸爸，爸爸就会连妈妈一起打。这样的悲剧我可以预测，却想不到什么办法阻止，因为爸爸不听我的。妈妈是个懦弱的人，受了委屈只会给我打电话抱怨，对我倾诉。我不忍心说我不想听，因为我妈承受的比我多，她要是找不到人倾诉，会比我更快疯掉。我觉得自己处在一个挽救家庭的重任之下，却也饱受这种家庭给我带来的伤害，我不相信婚姻，极度缺乏安全感，也不自信。

在这里我真的很感谢党和政府，他们真的有尽力在帮助我们家，可是不知道我们家是这样的情况，我也不敢说出实情。我觉得我们家就像是一个破了大洞的罐子，往里面倒再多的水都会流走，而这个大洞就是父亲。

生活很难，但还是要面带微笑迎接每一个挑战，我也在试着成长。我对这个家失望，但我依然想挽救它，连叔，我该怎么做，希望得到您的一些建议，感激不尽！

抓鸭子

* * *

抓鸭子:

我在你身上看到很多希望。要是在每个贫困家庭都扶出一棵你这样的苗子,那么,中国的贫困问题就彻底解决了。

你父亲是个大漏洞,这一点,我觉得,党和政府的扶贫工作人员一定知道,有时候,他们比你更沮丧、更生气。但是扶贫就是带有一点沮丧和生气的事业,也得超越沮丧和生气,把一个贫困家庭维持住,即使是因为其自身的观念问题,也不放弃,给它时间,让好观念慢慢产生,让这家庭的孩子慢慢长大。

就像你家,你爸爸的习惯一生难改,但你长成了一个有强烈责任感的、懂事的、自食其力还有余的大二学生,已经赢过大多数同龄人,这就是扶贫的大成就。看到你的成长,所有关心过你家的人都会开心,觉得自己的付出是值得的。你应该为自己感到自豪。之前的人生,这么辛苦,你都长得这么好,之后的人生,没什么事难得住你。

长得好,跑得快,有一个副作用需克服,也可视为继续成长的一个大挑战。你和原生家庭的观念差距拉开,却骨肉相连,撕扯感、痛感特别强烈。你已经知道,只要一个小小的好观念,就能大大地改变生活,简直就是一本万利,但他们就是不接受,任你磨破嘴皮也油盐不进。有些人因此失去耐心,充满无力感,也放弃了自己，那就是没有通过成长的大挑战，无法上到更高的境界，不进则退了。

你能通过这个大挑战。其中关键是把任务分出主次。人的精力有限，尤其在你力量尚弱之时，平均用力，甚至用错了力，必然事事难成。

你的主要任务是自己的成长，花70%的精力。你将来能量越大，人生的麻烦就越小。把大学读好，大学毕业后把工作做好，大胆去恋爱、成家、生子，按部就班经营。每一步所得，不仅是你的成就，也可让家人得到信心，更是弟弟的成长模板，他走你走过的路，有迹可循，自然阻力小一点，轻松一点。

第二个任务是抚慰妈妈，花15%的精力。她打电话抱怨时，你可将自己视为心理医生，主要是听，少尝试指导她、责怪她、改变她。也不要听太久，最多二十分钟左右，温言鼓励几句。你没有焦虑，她情绪又得到纾解。

第三个任务是指导弟弟，花10%的精力。弟弟天然亲近姐姐，尤其你是家中最有文化、最有见识的人，在一起时，不急着说大道理，多解决他生活与学习中的小问题，聊聊天，说说你的所见所闻，所想所得，平等一点，和风细雨，他才爱听你的建议。

第四个任务是隔离父亲的危害，花5%的精力。他是大漏洞，不仅漏掉党和政府的扶贫款，还会漏掉你的资助，漏掉你的劝诫、警告，以及一切你想尝试改变他的努力。你在他身上用力越多，你的人生越惨，你目前就用力过度了。经济上一定要切割清楚，不能让他用你的名义办任何信用卡及网贷，也不要再补贴他。明知是无底洞，就不能去填，否则只会填出绝望与悲剧，你填进去了，党和政府的扶贫才真是失败。适当选一些防诈骗、如何当父亲与丈夫之类的文章给他看，但不要有任何期望，只是死马当作活马医。

好好规划，悄悄长大，由慢到快。我对你的人生很有信心，加油。

祝开心。

连岳

爱你，与你何关？

连叔：

您好！

我是一名九岁小学三年级的学生。自从开学以后我就自称我坐了一个黄金位置，因为我坐在了我喜欢的女同学旁边。可是好景不长，6月3日中午，班主任要求我们两个人换位置。下午，我要重新写一篇作文，就想借她的作文来做参考，可她想都不想，就直接说“不行”。晚上，回到家以后，我就一直骂她忘恩负义，因为在这之前，我每天都带一本书借给她看。

第二天，我想都没想就直接用红笔在手掌上写了“我要和你绝交！”这几个字，走过去给她看。她满脸笑容地说：“好的，友谊的小船就这样被风浪打翻了。”我马上就后悔了。这几天我想理她她也不理我。请问连叔，要怎样才能让她再理我呢？

轩轩小坏蛋

*　*　*

轩轩:

你自称小坏蛋,看来真的挺后悔。

我能理解这后悔,从你简单的描述来看,这位女同学不简单,不自觉地喜欢她,想和她当朋友,是很正常的,估计不止你一位男生喜欢她。

从我这个成年人的角度看,她的过人之处有两点,是很多成年人都做不到的:

一是她坚持自己的原则,敢于拒绝别人。借不借作文给你参考,就像借不借钱给你一样,肯定是她的权利,不借并没有错,有很多正当的理由,比如写的内容不想让你看,或者她认为不符合老师的要求。如果她本来不想借,但碍于你一直示好,违背内心勉强自己借你,那太像一个普通人了,反而降低了她的可爱度。

二是她遇上大事很镇定。面对你的绝交宣示,一般人的反应多是生气、震惊、悲伤,情绪起伏很大。但她笑容满面地接受,很有风度。

她宠辱不惊,你给她甜头,她不违背自己的原则;你给她威胁,她也不惊慌失措。你怎么变,她都是她,并不会迎合你。我挺佩服你看人的眼光,这样的女同学,确实值得亲近。

知道并欣赏一个人的优点，想得到她的友情，唯一办法就是配得上她，双方实力要相当。我们一辈子，通过这种方式，能从许多好朋友身上学到他们的优点，因为不想失去朋友的爱，我们会变得更好。

所以，你也要成长为宠辱不惊，有大将风度的男生。她不借你作文这种事，以后不仅不能生气，还应一笑置之，毕竟，你借书给她看，不是为了控制她，急吼吼地求回报。况且，她看你的书，未必就是得你好处，相反，可能是她给你好处，因为，她可能并不想看那些书，她可能并不缺书看。成年人也常有这种认识误区，把我认为的好当成大家认为的好，比如认为我请你吃一顿饭，你就欠我人情，可是别人又不差这顿饭，花时间陪你吃饭，说不定才是给你人情。你现在学会换位思考，长大后就不会犯这种愚蠢的错误。

一个强大的人，爱人，对人友好，不是出于算计，每笔都要挣点小钱。那是受他们的本质驱使，强大就是输出爱，输出友好。就像太阳只会发光，它温暖你，不指望回报。爱的最高境界，就是爱你，与你何关？不过是因为我觉得对而已。

失落，伤心，甚至被背叛，难免会发生，因为这种事，我就变成一个令人讨厌的人，那是弱者的做法。强者，宠辱不惊，环境如何，他人如何，我总是在发光的。

从先当一个强大的小学生开始。首先，专业要强，小学生的专业是学习，学习努力，成绩出色，天然容易获得友情。

其次，该认错就认个错，只有强大的人才不怕认错，找合适的机会向她道个歉：对不起，我太冲动了。当然，她若不原谅你，或者你们的友情没有恢复，你不要又生气：哼，我都道歉了，你为什么还不对我好？那样就又犯同样的错误了，指望他人和世界按自己的要求做。

专心做对的事就是了。暂时的不满意，要像你的女同学一样，以笑容回应。这样的人，谁都想当他的朋友。

祝开心。

连岳

孩子帮父母的最好做法

连叔：

您好！

我是个十三岁的初中生，今天我很难受。

我爸和我沟通时，一直强调“游戏就是毫无意义的”一类话，我试图说服他游戏并不是毫无前途和没有意义，但没有用！

我和我爸说了电竞，他认为这不过是几年的风潮，能有什么。我知道他说得有道理，可我就是不舒服。

我知道我是说服不了他了，但我就是很难受……

起因大概就是我每天用手机时间太长了，但我感觉我也没有全部用来玩游戏啊！大部分时间我只是听歌而已，而且我很少玩《王者荣耀》那样的游戏！

我玩的游戏大部分是剧情类游戏，玩完也有收获啊！名著不也是写出来给大众看，然后大众从中获得收获的吗？友谊团结坚强什么的难道从游戏就不能得到吗?!

我爸也不是不让我玩，就让我少玩点，这点我无所谓，我就是没法接受他说游戏一无是处!

明明其他的，比如看网络小说什么的他也不反对，但他就是认为电子游戏一无是处，完全没有意义!

还有，我爸认为过度读书没有问题，甚至读书读死了也有意义，就是玩游戏没有丝毫的意义，和毒品没有区别！这难道不是双标吗?!

我想和他好好说，但我爸还说我错误是很难改的……游戏并不是一无是处难道是错误的吗？读书是全能难道一定是对的吗?

我爸的出发点没错，就是这个观点我觉得有很大问题!

我知道我有很多不好的地方，我爸也很包容，就是这点……

连叔，请问我该怎么办？是当他没说还是与他争论？或者这其实是我的问题?

望您回复。

一位迷惑的学生

* * *

一位迷惑的学生:

收到你这封邮件的时间是前天凌晨0:01，以后别这么迟睡。

睡眠不足,或者睡眠不规律,影响第二天的状态,不利于成长。

十三岁是个尴尬的年龄,学习,休息,健康,娱乐,生活中的任何部分都要刚刚好,不多不少,一旦失去了度,就会影响整个人的平衡,导致最后什么事也做不好。孩子本身掌握不了这个度,别说孩子,许多成年人也掌握不了,生活一团糟。所以在孩子的成长过程中,需要老师,尤其是家长的纪律约束,让孩子活在正确的度中。看得出来,你爸爸很努力地在做这个工作,即使他认为游戏一无是处,他也是让你玩的,只是要少玩一点。

你爸说游戏一无是处,当然是情绪话,作为成年人,他肯定知道游戏是有些益处的,任何现在合法存在的东西,都有些益处。这样把话说死,其实不利于辩论。(你看,这就被你揪住漏洞了,非让他认错不可。)我倒是理解他的情绪,因为手机游戏的成瘾性太强(游戏就是基于上瘾原理设计的),额外增加了巨大的教育难度,常让家长们陷入绝望,他们会在心里想,如果世上没有手机游戏这种东西,就好了。许多留守儿童,爷爷奶奶不知管教,图省事,把手机塞给他们任意玩,在他们人生的起点,教育改变命运这条路就快关上了。

你爸说"游戏一无是处",翻译成他真想表达的意思是:教育孩子真是太累了,我快崩溃了。他肯定不能在你面前展现这种脆弱与无助。但如果你真听明白了，你就不会想着去辩论，反而会同情他，想帮一帮他。

我不知你学习成绩如何，你邮件里没说。孩子帮父母的最好做法，就是把孩子的主业做好，这主业就是学习，一好百好，学习好了，父母对你更加信任，道理不再一直重复，认为你能把握好度，你玩一会游戏，不至于让他们紧张。在你身上省出的时间，他们至少可以补一个饱觉，消除一下疲惫。

不仅是学生，以后你长大了，将会发现，人一生都是如此，只有自己的事做好了，话语权才大。一个成绩不好的学生，马虎的工作者，逻辑再严密，道理再对，都没什么人愿意听你理你。实力加道理，两条脚走路，你的话才能被听到。目前，你和爸爸讲道理是次要的，表达一下观点即可，不纠结。好好努力，把好成绩甩给他看之后，再美美地打一盘游戏，他会接受你的观点，不接受也只能忍了，谁让你强呢。

祝开心。

连岳

想杀弟弟的姐姐，青少年心理那一难关

连叔：

您好！

一直以来我都关注着您。我是一名初三学生，今天我们刚进行了线上百日誓师大会。面临中考即将到来压力的同时，我有些问题。

我总是很伤心，我的母亲总是对我恶言恶语，甚至殴打我。我永远也忘不了妈妈说让我去死的话。她动不动就说让我趁早嫁了婆家之类的话。有时在学校、在家、在写作业时不知道怎的，我的眼泪就掉下来了。我的妈妈很偏爱弟弟，我十分厌恶我的弟弟。今天我看了之前十四岁女孩杀死弟弟的新闻，我也有这样的想法，可是我还没有足够的勇气。我很害怕，我觉得这种想法正在我的心里慢慢滋长，我也不想这么做，可我害怕有一天我真的会这么做。前段时间，我曾想过自杀，同样，当我站在窗户边上时，我害怕我会真的想跳下去。怎么办呢？

*　*　*

小姑娘：

最近初三和高三的孩子，心理受疫情影响尤其大，本来就面临升学的关键时期，原有的节奏与习惯又一下全部打乱，内心的无名火更加狂乱，稍有刺激就容易发脾气，起恶念。

当我们碰到不喜欢的人，心里最原始的念头就是摧毁他。事实上，人类在很长时间里也是如此行事的，慢慢成熟，学会克制与合作，花了很长时间。这种心理进化也会在一个人身上重演一遍，青少年时，更残忍，容易做出伤害他人与伤害自己的事情。

真走极端的，当然不多，但是孩子会被这种心理吓坏，觉得自己是少有的坏人，终究会做出伤天害理的事。不会的，你将成长为一个善于合作的、快乐的成年人，时间问题。所以，下次恶念生起，你可以告诉自己，这只是青少年特有的软弱，过几年就消失了，我并不会变成一个坏人。

你了解自己这种心理的发展过程，对将来你与孩子的沟通，也大有帮助。你还是个孩子，这种设想你听来觉得可笑。其实想想可笑的事情，也能治愈。很多父母正是因为忘了成长的经历，或者他们至今无法理解当年的自己，与孩子的沟通才会有更多的障碍。他们甚至用青少年的方法对付青少年，变成恶性循环，“我”比孩子脾气更暴躁，情绪更容易失控，以让孩子顺从自己，从而让问题消失。当好父母，对他们来说，是过于艰难的任务，如果你知道这点（从今天开始，你当然知道了），你反而会对他们有些同情，当他们毫无来由地发脾气，语无伦次，那只是他们的软弱，比如让你“趁早嫁婆家”，翻译一下，就是“我很害怕你，我无法理解你”，她不是威胁你，而是在求饶。

我们的情绪，他人感觉得到。你快乐，你身边的人就放松，也会对你微笑，甚至开开玩笑。你不快乐，别人也觉得少惹你为妙，他们无形中建立一堵冷淡之墙。你的坏情绪越激烈，冷淡之墙越强大。

在“我他”关系中，我是主导者。你听过“言传不如身教”这句话吧，绝大多数人认为是说给父母听的，这没错，不过不全面，这话是说给所有人听的，包括孩子，包括你。我与他人建立关系，而我是主导者，那我希望得到什么，我就要用身体、用生活去展现什么，我希望得到爱，我就要展现爱。你看小婴儿，他们这点做得好，他们纯粹给人带来负担，吃喝拉撒都要人照顾，没人爱他，他活不了，为了得到爱，他们微笑卖萌，无保留地爱别人，他们主导建立了一个充满爱的关系。

你要让别人爱你，最快的方法就是你爱自己。当然，爱自己不是自恋，自恋是脱离现实。爱自己可以通过专注于手头的工作实现，比如你读初三，专注于你的功课，不停提升自己的成绩，你会爱这个全力以赴的自己，这个“身教”又开始主导“我他”关系，你会收到他人越来越多的爱。

你现在很辛苦，但这辛苦的心理关过了，人生就不那么辛苦了。这一关大家都要过，你来得早一点，这既是不幸，也是幸运，过了就会将不幸转化为幸运。

祝开心。

连岳

这么珍惜的命，
要用来做什么？

连岳：

因为这次疫情，我爸妈他们推迟了上班。天天待在家，门都不出。这可能是一个好的机会，因为妈妈终于有比较多的时间陪我了！

但是妈妈和爸爸比较容易吵架，基本上两个人聊会天都特别地较真。我爸就不用说了，简直就是一个长不大的小孩，我甚至觉得我有时比他还要成熟。天啊！摊上这样的爸爸真是“醉”了，天天教育我要好好学习，自己却老是“带坏头”，经常对妈妈发脾气，我也有样学样，虽然我知道这样做是不对的，但我还是忍不住不向妈妈发火。

你知道今天发生了什么吗？我点外卖没有点我爸的份，因为他在睡觉，我也不太想点他的份，然后他一起床就在怪我这件事。

说着说着又骂我妈怎么过年买的花现在都凋谢了还不去扔掉，是要摆到年十五吗？知不知道什么叫花开富贵？我妈非常无语，回了一句你自己也可以倒掉啊！我爸就非常生气地说你就只会天天对着手机和朋友聊天，让你倒个花有那么难吗？他一发起脾气感觉全家的气氛都不好。

我真的搞不懂为什么我妈会忍他到今天，我曾经鼓励过我妈和他离婚，但是我妈拒绝了我！她应该还是爱他的，但是他对我妈的爱根本不及我妈对他的爱。天啊！这样的男的简直就是毒瘤！我身边比较亲近的朋友们的爸爸也是这样，唉！好无语！这简直影响到了我的婚姻观，我好担心我以后的老公会这样，我的小孩会和我经历一样的家庭，不过如果我真的遇到这样的渣男我一定要离婚，我不要生活在我不想要的生活里。

祝开心。

一个就快要被自己爸爸气死的高中生

* * *

高中生：

经历都是有价值的，好的经历自然不用说，坏的经历，只要一个人没有被它击倒，也有价值。就像感染新冠肺炎，很糟糕，但治愈的人却有了抗体。

有些父母暴躁的孩子，却成为温柔的人，那就是因为他们在成长过程中产生抗体，有了觉醒，这种比例虽然不高，但也不低，不是不可能完成的任务。他们的蜕变过程，像你一样，开始也曾模仿父亲的坏脾气，后来走出这坏模样。当你不再重复一切坏模样时，你就是好模样。

所以你从今天开始，就可以对妈妈温柔一点。长大不是以后的事情，长大是现在的事。你在心智上比你父亲成熟，你的情绪控制能力能成为他的老师，你和妈妈温柔互动，这也会影响他，也许，他的一生，没有见过好模样，才成为这副可悲模样。

你给他你的好模样，可以帮助他成长。这不是说他一定会成长，而是说任何人一生都保有成长可能，年纪大的人患了新冠肺炎，也能治愈，精神的治愈力也同样一生存在。

假如你的父亲看到这封邮件，他的反应可能有三步。他瞬间习惯性地发怒，觉得女儿背叛了自己。不会成长的人，也就停留在这一步。会成长的人，则会继续走，在怒气消失后，他隐隐知道自己不对，尤其有了温柔模式对比，反省更容易产生。然后，他来到第三步，开始改变自己的行为模式。

最坏的结果，你父亲只停留在第一步。那也没什么可沮丧的，只要你从此成为一个改变者，就行了。人生的一大使命，就是成为改变者，从改变自己开始，再改变家人，朋友，直到全世界，你让别人变得更好。没有意识到这使命，也在改变他人与世界，只不过是让别人变得更坏，以至于人们像厌恶病毒一样厌恶他，即使自己的孩子，也厌恶他。

爱是温暖的回忆和价值观的共鸣，血缘不会必然产生爱。

这次疫情，无法外出，原来的逃避手段全没了，家人必须长期相处。如果彼此间不是那么爱，那么心底的伤痛与怨恨都会被唤醒，被放大，在小小的空间里回响与激荡，逼迫着人回答这个问题：我们这么害怕疫情，这么珍惜生命，这生命，要用来做什么？

答案显然不是用来吃野生动物，不是用来浪费，不是用来无谓的争吵，不是用来伤害他人，更不是用来让自己的老婆自己的女儿心碎，不是用来渣。

生命是用来创造，用来成长，用来爱的。

我们希望我们的父亲做到。这希望是正当的，但他们做不做，无所谓的。

因为我们自己可以做到。

祝开心。

连岳

从“求宠爱”到“不从众”，长大的关键一跃

连叔：

我现在也是初二，所以看到tomato的那篇文章*很有感触。我同样面临着像tomato那样的烦恼，从小到大都觉得家长讲话评论双标，同学们表面一套背后一套，反正就是在哪儿都不得安宁，只想自己坐一会。

我知道家长有时很难改掉自己的习惯，我作为一个心理早熟的人也懂得换位思考，体谅他人的不容易。但有时候还是会发现，无论自己怎么努力，帮自己做科代的老师干活也好，那科成绩名列前茅也好，老师也还是会忽视我，甚至表扬比我成绩差的学霸同学（从未表扬过我，尽管我做得很好）。

现在也快期末考试了，我也想努力调整状态给自己这一个学期的努力一个交代。但现在一次次的挫折压得我喘不过气来，我

---

* 见本书第165页《当意外发生后》。

真的很难受，也没有人安慰了解我，望连叔回复一下，万分感谢 。

苦恼的因年

* * *

苦恼的因年：

初二孩子的心理状态，还处于“求宠爱”阶段，自己的喜悦，自己的价值，更多来源于家长与老师的表扬。这对孩子来说，是很正常的。

很多成年人也还处于这个阶段，需要不停索取“宠爱”，以获得存在感。由此引发出一些病态行为，比如无尽的抱怨（这可以收获更多安慰），过度的虚荣（为得到羡慕虚构自己没有的美德、才华、地位、财富），还有控制欲（驱遣他人可体现自己的重要性）。这样的成年人属于心理发育未完成，他们越想要，就越得不到，越得不到，又更想要，很痛苦，却无人同情，甚至他们的孩子都会讨厌他们，因为他们像个不快乐的黑洞，吸掉身边所有的快乐。

你以后不能变成这样长不大的成年人。这其中关键的一步，就是走出“求宠爱”。一切成长，开始总有他律的成分，是老师家长要求，是环境所迫，做着做着，你觉得有意思，主动追求，变成自律。走出“求宠爱”也是如此，你会发现，宠爱总是不够，它是稀缺的，并不会随着你变得更优秀不停增长，当他人习惯你优秀时，宠爱甚至消失了，就像你是科代，这科成绩好是应该的，似乎不值得为此表扬你，而你成绩变差，批评却不会缺席，失去科代资格的风险随之而来。

这似乎不公平，令你委屈。此时的选择把人分成两类：

一类人觉得我变优秀没意思，反正他人不“宠爱”，索性不进步了，这让他们停留在此时的心理状态，肉体怎么生长，以后都是长不大的成年人。

另一类成长的选择，反而借此想清楚一个简单的事实：我的优秀是谁的？当然是我的，我受益最多，怎么可以丢掉？比如你的好成绩，它证明你更好地拥有知识，老师不表扬，不能否定这个事实；成绩更差的同学受表扬，他的分数也并没有增加，实力对比还是摆在那里。这就像你去客场比赛，观众拼命嘘你，一点宠爱都没有，但他们夺不走你的胜利。

经过这个阶段，你会知道，更高一级的优秀，真正的优秀，不是“求宠爱”，而是“做我认为值得做的事”，评价系统从外变成内，从他人变成自己。我是学生，我认为学习是值得的，我就会好好学，得到好成绩，就是老师忽视也不会减少我的动力。他人的宠爱，一点不重要了，有则欣然接受，没有，也不强求。

甚至因为“值得做的事”暂时不为人所理解，变得孤独，被误解，被攻击，也会发生。一个优秀的人，必然会做几件不从众的事，正如这句话所说：

> 有一种东西不能遵循从众原则，那就是人的良心。
>
> ——哈珀·李

不从众不是说什么事都逆着来，那是杠精。多数人在多数时候也是对的，不然人类社会就无法存续。就像多数学生都追求好成绩，这个众就得从。多数人追求健康、爱情与财富，不从这个众，那不太像人。

但是人生总有那么几次重要的决定，你只有你自己，其他人都不理解你，甚至反对你、孤立你，但你知道，你必须得做。不仅仅良心问题有这样的艰难选择，爱情、投资、真实观点的表达，都得做“不从众”的决定，真正的优秀者，体现在这些时刻，我敢决定，我敢负责，我“做我认为值得做的事”，他人是否因此“宠爱”我，并不重要。如果没有走出“求宠爱”的心理阶段，“不从众”时刻出现时，你没有勇气承担，必然选择损害自己以换取他人的“宠爱”，那不可能有高质量的一生。

你现在可以开始准备了，没人表扬我？没关系，强者不靠宠爱生存，强者靠自己的强大生存，强者是虎，不是猫。

祝开心。

连岳

赢了道理，输了爱人，那并不是爱

连岳：

您好。我是一名高三的学生，关注您公众号一年多了，第一次给您写信，最近在这个节点遭遇了一些烦恼，想得到一些您的建议。

和高中恋爱有关，我和我女朋友谈了一年多了，没有因此而荒废学业，我成绩好点，她也不算差，属于那种努力类型的，平时我能教教她做题。总的来说在班上属于那种让人很羡慕的一小对，感情也很稳定，不会因为一些小事而有情绪，影响彼此的心情。但在我们学校是明令禁止谈恋爱的，我们比较小心，平时在校园里没有那些明目张胆的小动作。纸是包不住火的，班主任最后还是知道了，也许是看到我们成绩好，并没有很严格地打压我们，当然，还是告诉了双方家长：我父母比较开明，说只要不影响成绩就行了，但她那边父母家教管得很严，对她言语训斥逼着她保证跟我分手，还要求我向班主任保证再有交往就勒令我转移学习环境，哪怕正常同学间的讲话。那一段时期我们俩很痛苦，我不停地偷偷安慰她，并且劝导她不分手，只要我们小心一点就会没事的，就每天晚上吃饭一起（食堂里是没老师的）。她起初不愿意，几乎天天晚上都哭，不肯和我和好，她不是不爱我了，是由于她父母总是去逼她，她怕，她恐惧（她父母把她逼得很紧，要求她一切都随他们安排的人生轨迹来；有段时间她甚至几乎得了抑郁症，到了晚上睡觉就会哭，哭很久很久；间歇性的心情低落，甚至会想到自杀；但表面上别人看她就是一个爱笑的女孩，我经常鼓励她，但也很同情她）。最后，差不多过了一个星期我们还是和好了。

对，和好了，我们很小心，也更加在乎彼此，因为对方而更加卖力学习，到了高三用更多时间去学习。很不幸，班主任还是知道了，但并没有说之前的事，睁一只眼闭一只眼。快期末考试了，我们更加用功了，吃饭我都在跟她讲题，几乎没放过任何时间。都说努力会有成效，可偏偏命运给我们开了个玩笑，我进步了，但她退步了一百多的名次，她一直哭，她父母赶来了学校，班主任也将我们谈恋爱的事告诉了她父母。唉，没有一点办法，又一次面临分手。明明她这么努力，退步了难道全怪在谈恋爱身上吗？其他人没谈恋爱不也会有退步的吗？唉，刚好那天放暑假，没有办法去了解她的情况，去找她又怕刺激到她的神经，但是我又好想去给她些安慰，您说我该去找她吗？开学了我该与她和好吗？我是真的不甘心，也是真的不情愿这段感情就这样没了，现在感觉整颗心都是空的。唉，连叔，您说我该怎么办呢？

这一团乱麻中，我们俩还有生还的机会吗？谢谢您。

高三学生

* * *

高三学生：

我基本赞同你对爱情的看法，一是高中是可以恋爱的，高中生生理心理都成熟到足以产生恋爱了。自然规律一定会起作用，禁止只有反作用。其实也禁止不了，高中生恋爱并非特例，很多老师与家长采取的策略也是睁一只眼闭一只眼，只要成绩好，他们往往不干涉，这也算是一种默契。某种程度上说，高中谈恋爱，像是优等生的特权。所以，那些想恋爱的高中生，为了得到这特权，也得把书读好。

第二，我也同意高中生谈恋爱并不必然使成绩变差。仅以你们的例子来看，她退步了，而你是进步的。同样一个恋爱，就有好坏两个不同的结果。

听到这里，你也许很开心：道理是站在我这边的！这下，老师、家长和女朋友都会听我的，我可以继续恋爱了。不过，我建议你采取相反的策略，即，不和他们进行任何辩论，尤其是家长和老师。

只要思维稍微正常的老师与家长——高中生可以恋爱，高中生恋爱成绩不一定变差——这些道理，他们都是知道的，他们自己在高中甚至就谈过恋爱。但人并不是纯粹理性动物，非理性、情绪，甚至误判，都在人做决定时起到重要作用，永远要记住这点。有道理并不意味着可以硬杠，如果对方处于强势地位，硬杠增加不了理性的疆界，只会让自己的处境更艰难。

高三学生成绩没有达到自己预期，或者退步，这将引发很大焦虑，尤其是当事人及其父母。在很多时候，这找不到原因，有可能是暂时的波动，有可能就是一次失常，还有可能就是自己水平的局限。但是焦虑的一个表达方式就是要为无法归因之事找到原因，这样情绪有个发泄点，有只替罪羊。你女朋友的父母，将女儿成绩下滑归因为她恋爱，就是焦虑的体现，只要她还继续恋爱，他们就将保持更大的反对。

你的女朋友经常哭，还会想到自杀，这已经是压力到了极限的体现，压力再大一些，真可能崩溃。你可以帮她。那就是暂时的退却和忍让，高三毕业再重启恋爱之事，在高三的其余时间，像普通同学一样相处，也就是说，完全按照老师与家长的要求，不再追求她。这样，你爱的那个她，能够暂时从家长与老师的压力之下解脱，成绩即使不理想，痛苦与自责的程度也会低一点。

你维护自己爱的权利，坚持对的事，这在道理上没错的，但这么做让自己爱的人处境变糟，那就违背了爱的原则。

爱往往需要退让，隐忍。装装糊涂，说些无伤大雅的谎言，如果能够保护自己爱的人，那才是遵守爱的原则。

赢了道理，输了爱人，那并不是爱。在高三接下来的时间里，默默守护你爱的人，不打扰她，给她创造安静的学习环境，这是你的爱情职责，完成它是很酷的事，像007执行秘密任务。

祝开心。

连岳

大学，一定要谈恋爱

有个孩子发来大学计划，不得不感叹现在的孩子，目光比较长远，一代胜过一代。

但是，其中一点让我担忧，他说到，要珍惜一切时光，所以大学要克制恋爱的冲动，以学业为重。

我建议所有孩子，所有人，都像他一样，能做长远计划，一年的计划是什么，四年的计划又是什么，写在纸上，一天天落实。目标再大，分解到几年，也就一点不怕了。

长远计划有点像是北极星，能够指引方向，不停修正你的偏移。没有计划，一天天随意过，被随机事件牵着走，你完全忘掉自己最初的追求，一眨眼，四年过去了，你要毕业了。

我建议那孩子，包括你，在大学的长远计划里，要列上一条：谈恋爱。越好的大学，越要谈恋爱。

大学四年，其实读不了很多书，时间有限。而且你刚读完，一些知识就要更新了,你又得重新开始。

大学最重要的是,你一辈子重要的合伙人在此时出现:一起创业的,是你的室友;将来特别成功的同学,是你的贵人;你最爱的人,你将来的配偶,也和你同一天到大学报到。在此之前,你们相隔千里,没有这所大学,你们永远不会遇见。

所以,好大学的重要作用之一,就是最合理、最好的恋爱撮合平台,通过高考的严格筛选,把能力、素质、年龄相当的男生女生汇集在一起,给足四年时间,让他们在一起学习、锻炼、游玩、成长。能力匹配,三观契合的一对,走到一块,不是应该的吗?而这样的一对,他们将来的事业与孩子起点更高,概率不是更大吗?

但是“大学作为恋爱平台,恋爱是大学必修课”,这一点,可能除了连某人一直强调,其他人重视得不够,甚至根本没有发现大学的这个功能。没见识的人,还强烈抑制大学的恋爱功能。

知道恋爱是课程,很容易理解以下几点:

一、课程没有天生就会的,虽然性的吸引力与生俱来,但是要把恋爱谈好,还是有许多技术性的细节,和学当工程师一样。

二、课程有很多,一天得读四五门课程,一天有多项任务,人需要统筹、协调的能力。认为不恋爱,可以多读书,就是缺乏统筹能力,并以此为豪。人应该恋爱谈得好,书也读得好,它们不矛盾，甚至可以互相促进，男女恋人，一起跑步，可以跑得更久一些；一起上图书馆，读书会有趣一些。以为读书就一定要牺牲恋爱，将来，也很容易牺牲自己的老婆孩子。

正常的人生，要有家庭，也要有事业；要有投资，也要有享受，每一科都要读得好，才是优秀毕业生。

三、接受失败。很多人以为大学的恋爱不长久，毕业时分手的概率高。即使这是真的，也要恋爱，甚至更要恋爱，技能若要在失败中得到，那么，失败来得早一点，比来得迟一点要好。离开大学后，工作有压力、适应社会有压力、年龄也有压力，这时候，其实更承受不起失败的成本。

没有任何恋爱技能，又有迫切成家的压力，有些人就选择了将就，开始了此后的一切痛苦。但到了总结经验时，他们仍然犯错，以为这一切只是爱的错，而不知道，这一切，是因为爱得太迟，爱得太少的错。

在大学没有恋爱，属于教育失误，也属于个人成长过程中的失误。

讲理规则

昨天，有位十二岁的小朋友提问，简单回了一下：

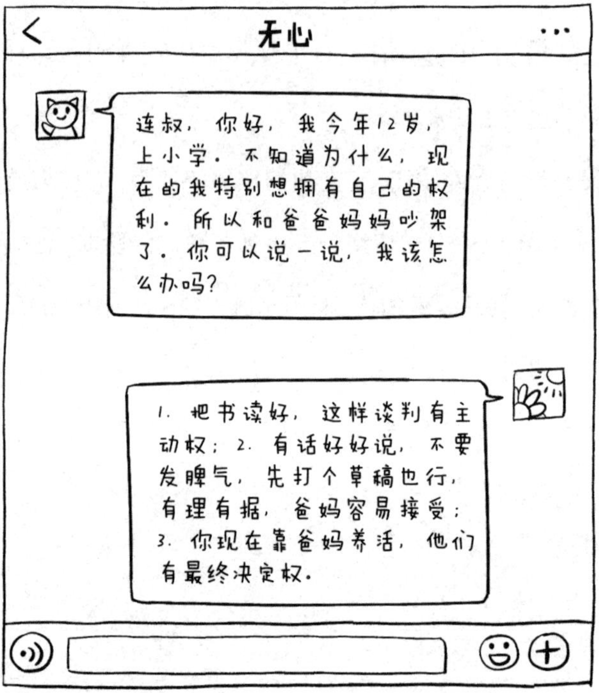

觉得有必要扩充一下，写个《小学生讲理规则》。

其实讲理规则贯穿一生，小学生讲理规则也适合中学生，适合所有人，所以索性叫作讲理规则。

一、**有礼貌**。“请、谢谢你、对不起”，太多人一生不知道这几个字的威力，并不是你有道理，别人就得听你的，如果你行事粗鲁，令人厌恶，那么，别人一并会讨厌你的道理。

二、**渴望爱的正确方式是对人友好**。我们渴望得到父母的爱、兄弟姐妹的爱、老师的爱和同学的爱，你甚至可能特别喜欢某个同学，也渴望得到他（她）的爱，这些渴望都是正常的，但是我们往往会向他们发脾气或说一些伤害他们的话以引起他们的重视，这是不对的。他们并不知道我们真实的想法，只会受到伤害，然后离我们更远。正确的做法是对他们友好，即使有时候不知道说什么，笑一笑就挺好。

三、**优秀的孩子得到更多**。人们更尊重优秀者，越早知道这点越好，父母也更爱那个更优秀的孩子（即使他们很克制地不表现出来）。如果你不是那个优秀者，可能会觉得受伤，但仔细想想，如果优秀者无法得到更多，那对他们也是不公平的。所以，成为优秀者有助于你讲道理，一个成绩很好的小学生，比起一个成绩很烂的小学生，他的要求总是更容易被听到。

四、要想得到，必先给予。互惠互利的原则对一切关系都有用，包括对你和父母的关系。如果你懒惰、拖拉，自己的学习与生活一团糟，自己住的房间又脏又乱，简单的事情提醒了一百遍还是错，父母心里就会想，养这个孩子真累啊，好辛苦。那么，他们更不愿意答应你的要求，不是很正常吗？相反，如果你是一个自我管理得比较好的孩子，这就是对父母的给予，你想得到，自然更容易。只会索取，只会给别人制造麻烦的人，什么都得不到。

五、父母也是普通人。这意味着他们也需要你的鼓励，当你觉得他们做得不错时，赞美他们一下。当他们有时候不耐烦、有脾气时，要知道，那不过也是人人会犯的错误，像你一样，不要硬争硬顶，原谅他们，等他们情绪缓和了，再说吧。

六、一次说清楚一件事。表达自己的观点，有基本的结构，一般是"我的观点是什么，因为什么"。事情重大，你想说服别人接受你的观点，不妨在自己脑子里先过一遍，然后试图反驳一下自己，把你能想到的反对意见回应一下。这样，到你表达时，就不会急躁、害怕、漏洞百出，别人觉得你认真思考了，更会认真对待。

七、被拒绝是正常的。被拒绝后不要说出伤感情的话，比如：我恨你们！你们永远都是这样！我再也不想理你们了！这样于事无补，接下来几天也很尴尬。

八、尊重买单的人。谁花钱，谁有决定权。你还在花父母的钱，要尊重供养你的人，你可以提要求，但他们有最终的决定权，满足你的要求，往往都需要花钱，而钱是有限的。父母有时候不满足你，真是因为他们的钱不够。将来你有钱满足自己的愿望，决定权就在你手里。在讲道理时，知道谁是最终的决定者，这点很重要。

以上规则，可能需要我们用很长时间去实践，并不是知道了就一定做得到，但是有意识地训练自己，时间久了，就更容易遵守这些规则，你成为一个讲道理的人，做事情会顺利很多，即使将来只是一个很普通的人，你也会得到尊重。得到尊重，是了不起的成就。

不要忘了爱的原型

连岳：

你好，我十六岁，是个男的。从小别人就认为我不正常（其实谁正常呢？）。小学一至五年级的生活，我已经没什么记忆了。只记得我既不看动画，也不玩电玩，更不与别人打架，当然也不爱学习啦，只记得考试总是倒数，一发试卷就挨打，可是我竟然一点改变都没有，依旧每天发呆。

六年级时，我遇到我生命中目前为止最重要的一个女人，是我的班长（虽然母亲也很重要，但不一样）。她是一个很有魅力的女孩，忧郁、豪爽、成熟。在某种意义上，她简直就是亚马孙女王，她就坐在我的身边！我感觉我的生命才刚刚开始，我感觉自己充满了激情，我迫不及待地想去迎接每一个和她在一起的时刻，那段时间的每一秒钟我都是快乐的。我们每一天坐在同一张椅子上，我们交谈，我们欢笑，传纸条。直到被班主任喊去“喝奶茶”，站在办公室外的时候，我们相视而笑，那一刻，我才明白，飞蛾在扑向火焰时心里也是极其快乐的啊。我别无他求，只要她对我微笑。

现在想来，那段生活真是太奢侈了，那就是爱的感觉吧！

也许是爱的代价，也许是我在一年间耗尽了几十年的快乐。后来，虽然我也奇迹般地考上了重点中学，但是她却去了其他的城市，也许她永远都不会知道曾经有一个小男孩那样地在乎她，也许我只是她身边的一片云，稍纵即逝，可是我这片云却在她离开的夜晚哭了一夜。

后来，我实在是郁闷极了，便开始叛逆，逃课，上课不听，骂老师，等等。也经常被喊去“喝奶茶”，也经常站在办公室外，可那种感觉早已无影踪，只剩无尽的烦恼与痛苦。

初三时，还是无聊极了。于是便开始努力学习，渐渐地与班级里的其他人脱离，开始封闭在自己的世界，不敢面对自己，面对社会，面对家人。身心都受到了不小的伤害。

中考时，我是班上的第一，全市的前一百，可是仍然不快乐。

现在呢，我依然学习不错，是班干，是班草。可是这只是我拿来掩饰自己迷惘与自卑的武器而已。我真的很自卑，我不知道怎样让自己重新被自己接受，让别人接受，我不敢与人交往，并不是因为人们想象的孤傲清高，而是我怕别人在了解我之后会看不起我，我只是一个平凡的人，可是他们现在对我充满了好奇。其实，我真的很需要朋友，我真的很需要倾诉，我真的很需要爱，可是我也怕再受到伤害，毕竟我感觉我已经禁受不起别人的攻击了，因为我自己的攻击已经让我招架不住。我现在每天必有的一个念头就是死，我怕它成为现实，我不是怕死，我怕的是死之前的孤独与绝望啊。

最近，有一个女孩向我表白了，我几乎没有和她说过话。我不知道怎么去面对她，回答她，我怕她是在玩票，我怕她迷恋的是我的孤僻，我怕她会不喜欢那个真实的我。并且我对她也没有什么感觉，毕竟我对她一无所知，我应该给她和自己一个机会吗？我还有可能重获新生吗？我有太多的疑惑，也有太多的恐惧。

无论如何，谢谢你能够倾听，谢谢！

Wo

* * *

Wo：

你的邮件是宝贝。是来告诉我们爱情本质的。

孩子小，并非无足轻重。正如火苗再小，也能战胜黑屋。

孩子们述说他们的爱情，就只有爱情。单纯的吸引与迷恋。

假设有个成年人热爱阅读《海的女儿》、迷恋《小王子》，从童话当中看到了人性的普遍寓言。似乎长了许多见识。

有天晚上这个人听见敲门声，他开门看，是一个小姑娘，他不耐烦地说：我在看《海的女儿》呢，去找别人玩吧……

第二天晚上，他又臭着一张脸对忽然造访的陌生小男孩说：我在看《小王子》呢，你去找别人玩吧……

他不知道，拒绝的两个孩子就是海的女儿与小王子。

我们长大以后，经常忘了自己是如何长大的，也经常嘲笑自己内心孩子的一面。我们在虐待自己，以为这才是长大。

孩子，谢谢你述说你的爱情。你觉得很痛苦，可是在我看来，却觉得你应该快乐。至少，你看，你有这么好的记忆。看你的故事，我会不自觉微笑。很多成年人也会和我一样，不自觉地微笑。

我们微笑，那是我们在看着自己的爱情原型。

这样的爱情，不正符合许多爱情元素吗？喜欢一个人，就天天想着和她在一起，为她强大，为她自闭，为她孤傲清高，为她自卑，没有她，就感到“死之前的孤独与绝望”。

这些话，孩子说出来，我们觉得可笑，因为他是个孩子。

这些话，成人说出来，我们觉得可笑，因为还像个孩子。

但这些话真有价值，我建议你一生不要忘记。

我有些具体的建议，希望对你有用：

孩子的恋爱，绝大多数，是以分手告终的，这不是命运在捉弄你，因为你们变化的速度最快，爱需要持久，它不适应你们的节奏；

故意捣乱，因此接受惩罚，或努力学习，得到赞扬，这都能逃避失恋的痛苦，从你的经验看，努力学习，是更好的移情，请发挥这点，以后因失恋而痛苦时，就移情到智力活动，这是很有价值的习惯，选择破罐破摔法，只会让人觉得你确实不值得爱；

青春期，有时刻意不想理人，摆个酷酷的造型，是正常的，他们在寻找自己的独特之处，希望自己有个性，以不同于同龄人，衣着、发型和"冷漠的眼神"，是成本最低的做法。但不要有包袱，做到极端，一句话不说，同学就认为你不酷了，话还是要说，朋友还要交；

有女同学喜欢你，你也喜欢她，就给她，给自己一个机会。恋爱，就是在她面前放下酷劲，当一只黏人的小狗。她不会因为这点瞧不起你的，她的心会融化的。

最后，多了解一点生理常识，你们的教科书里应该有，没有的话，自己寻找靠谱的性常识，也很容易，不要因为太冲动而给自己惹麻烦。

人生很美，你的路还很长，一切暂时的烦恼，都有后面加倍的快乐可以补偿，我多活你几十年，可以保证我所说的都是自己体验过的，是真的。

祝开心。

连岳

高三的失恋

连叔:

我是一名高三的学生, 近期有许多模拟考试, 然而我的成绩一直在退步, 我有点慌了。

班里有个男生, 他说, 我们要一起上大学, 我也同意了, 并且准备毕业后我们就在一起。然而在他要过生日的那段时间里, 我为他准备惊喜, 幻想我们的未来, 难免上课会走神。

他的成绩以前不是太好, 我比他好, 然后就帮助他学习, 慢慢地他成绩上去了。自从给他过完生日, 我的学习状态就有所下降, 成绩也慢慢地下来了。前期他跟我说, 有可能有些感情, 毕业后就散了, 我不知道该不该相信我跟他会有未来。

我成绩的下滑跟他有关系吗? 为了高考, 我该怎么办? 以前觉得他努力, 是为了我们的未来, 现在觉得是为了他自己的未来。我们之间从没有确认过关系, 一直以好朋友交往, 他有许多异性朋友，而且他们的关系很好。对于这份感情，我该怎么办？

连叔，帮帮我。

Y

* * *

Y：

这篇文章的读者，应该有不少父母，他们的孩子正在读高三。先对他们说几句吧。

高中生恋爱，从生理到心理，发生了很正常。

有些父母从功利的角度出发，巴不得孩子每秒钟都花在学习上，以为这样有助于考高分。他们可能会采取粗暴且有害的方式对待高中生的恋爱，贬低或羞辱孩子，以致孩子一想到性和爱，就觉得自己恶心、丢人、有罪。他们确实不敢表达真实情感了，但内心的创伤可能也很难弥补，对成绩也未必有帮助。

我们都恋爱过，对那个Ta动情时，并没有放弃生活，相反，会更认真对待生活，恋爱让人展示最好的那一面。高中生也是这样的，他们更有动力把书读好，把好大学的录取通知书当成定情礼物。有这朦胧爱情的调剂，学习还会轻松一点。

就本文的案例来看，两人恋爱，男生成绩变好了。证否了恋爱影响成绩的说法。

接下来的话是对来信的女生说的：

1. 相信自己的实力。离高考没几天了，最终成绩不会发生太大波动，差生突然变好，概率是零，好生突然变差，概率也很低，偶尔有好生失误，那是身体与心理状况突然变差，发挥失常。你要相信自己能在高考时展示自己应有的水准。高考前的一系列模拟考试，主要作用是保持感觉，像是热身，好了，不要太得意，失误了，也不必太沮丧，它能让你把注意力集中到考试本身，已经达到目的。

2. 高中生的恋爱很脆弱。淡淡的好感，怯生生的接近，今天突然产生的激情，明天可能突然消失。孩子的恋爱，都是这样的。初恋，印象深刻，但它又是最脆弱的，绝大多数无疾而终。我的意思是说，你这一段感情的起伏，符合规律，像漂亮的肥皂泡五秒后破灭，像你心爱的电影两小时后剧终，都不是对你的恶意。

3. 不要暗示自己变凄惨。幼儿、失恋者、控诉者，都有夸大自己凄惨的冲动，幼儿最明显，一言不合，就打滚痛哭，表示自己活不下去了。这相当于在空中画出大大的箭头指向“施害者”：就是前面那个女人，不给我糖吃，全世界要看到，她是最坏的妈妈！

这模式会以更精妙的方式藏在成年人的行为里，在你身上多少有一点：这男生辜负我，所以我成绩变差了，他是一个多么可恶的人！你模拟考成绩退步，是符合这种心理预期的。

4．没人喜欢失败者。让自己成为凄惨的控诉者，这是最差的策略。永远不要在恋爱中使用。我和你分手，你变丑，变憔悴，追求失败与病痛，我就重新爱你？不，这只会让我觉得分手是明智的、及时的。没人喜欢失败者，尤其是你的前任。

应该反向行之，既然你选择与我分手，我别无选择，只能变得更好。孩子，从高三开始，到你人生最后一口气，这个方法永远是对的，拒绝、伤心与伤害，最后都将成为你的动力，没有比这更有复仇快感的了。

5．高中男生比较幼稚。再过几个月，你步入一座美好的大学，在新的平台上，经过高考筛选后的男生，多才多艺，聪明健康，任何一个，都不输高中班上的班草，你将感叹：幸好我是自由自在的姑娘。几个月前的伤心，你甚至都记不住。

等你高考的好消息。

祝开心。

连岳